# ウィーンこだわり旅ブック

塚本太朗

Ein Reisebuch von Wien mit den auserlesenen Empfehlungen　Tsukamoto Taro

産業編集センター

# Am Anfang

はじめに

　2009年『ウィーントラベルブック』のリリースから10年あまり。ウィーンと聞けば「クラシック」や「オペラ」といった印象が強かった街でしたが、月日が経ち、街の様子は行くたびに少しずつ変わってきました。友人達から「ウィーンに行くけど、どこか良いとこない?」と聞かれれば、オススメのお店を教えることはしょっちゅうです。

　2019年は、オーストリア国交樹立150周年の節目ということもあり、両国では様々な文化イベントが開かれていたり、ウィーンへの直航便が就航するなど注目されています。「世界で最も住みやすい街」のランキングで1位を獲得したことも後押しとなり、いつになくツーリストが多くなっています。

　そんないくつかのことが重なって、バージョンアップした改訂版のことをモヤモヤと考え始めました。

　初めて行く人にも、何度か行っている人にも、おすすめしたい今のウィーンがあります。私的で偏りのある部分も多い本書ですが、「こだわりのウィーン街案内」として読んでいただければと思います。「ウィーンといえば」の定番の建築やライフスタイル、雑貨屋さんにパン屋さん、そしてコーヒーショップやスイーツも。現地に暮らす人達にも登場いただき、「暮らすように旅をする」という勝手な裏テーマを頭の片隅に置きながらグルグルと街を歩きました。そこには、なんとも言えない心地良い雰囲気やワクワクする出会い、そして新しい発見などが必ずありました。

　この本で少しでもウィーンの魅力を伝えられたら幸いです。

塚本太朗

# Inhalt

はじめに　04

ウィーンのプチ情報　08
ΛΝΛに乗って
　ウィーンへ行こう！　12

オーストリア政府観光局に
　オススメのプチトリップを
　聞きました！　36

**1**
↓
**p16**
—

Gebäude
in
Wien
erkundigen

ウィーンの建築探訪

オーストリア郵便貯金会館／ロースハウス／カールスプラッツ駅／セセッシオン／ヴォルドバ チャーチ／ウィーン経済大学／アルターラー／アマリエンバッド プール／レオポルド美術館／ウィーン・ミュージアム カールスプラッツ／フンデルトヴァッサー ハウスとクンスト ハウス ウィーン

**2**
↓
**p38**
—

Auch
mal
einen
Firmenbesuch
wagen

会社訪問をしてみる

ミュールバウアー／オッタークリンガービール醸造所／パレミ／ヨーゼフ ブロート／リース

**3**
↓
**p58**
—

Das
alltägliche
Leben
in Wien

ウィーンの暮らし
いつもの暮らし

ディタードさん邸宅／ポールさん邸宅／マリオンさん邸宅

**4**
↓
**p66**
—

Am
Wochenende
muss man auf
den Flohmarkt
gehen!

週末は絶対蚤の市！

ナッシュマルクト／リンクシュトラーセン・ガレリエン

## 5

### Verschiedene schöne Gemischtwarengeschäfte

↓

**p72**

—

雑貨ショップいろいろ

ディー セレリー／スーボア／グライン アトリエ＆ショップ／フーバー＆レルナー／ディー ヴェルクバンク／ディー グラスファブリック／ウォール／サイト ストア／コペンハーゲン フース／デザインクヴィスト／セント チャールズ アポセカリー／ラウムコンプレット／ペイパーバード／フォルタ ヴィエナ／デコラティフ／フライターグ／ジョー スプリンガーズ エアベン／MAKデザインショップ／パープルケイブ／ゾネントア

## 6

### Köstliche Mahlzeiten und Caffè

↓

**p98**

—

美味しいご飯とカフェ

ウルリッヒ／サロンプラフォン／ゴールドフィッシュ／ブリューダー／コルバチ／スティルブルッチ レストラン／ミア／ダス キャンパス／クリオ／ザ ブリックメーカーズ パブ＆キッチン／ミランダ バー／ポール＆マイヤー アム クチカーマルクト／エレファント＆キャッスル／ユリウス マインル アム クラーベン

## 7

### Brot, Kaffee und Dessert

↓

**p120**

—

パンとコーヒーとスイーツも

グラッガー＆シー ホルツォーフェンベッカライ／マーチン アウアー／カフェミック／ウォルフガング コーヒー／ザ ペリカン コーヒー カンパニー／ヨーナス レインドル コーヒー／ヒデンキッチン パーク／ブラス モンキー／コーヒー パイレーツ／シンプリー ロー ベーカリー／ヴィーガニスタ／クレム デラ クレム／ドレクスラー ウィーンツィレ／ゲルストナー K.u.K ホフツッカーベッカー／アイス・グライスラー／バルササール コーヒー バー／カフェ シュベルホフ／フェンスター カフェ

## 8

### Das Hotel ist auch ein wichtiger Punkt

↓

**p148**

—

ホテルも大事なポイント

マグダス ホテル／トゥエンティーファイブアワーズ ホテル ウィーン バイム ミュージアムクオーター／ホテル シャニー サロン／ホテル アム ブリルランテングルンド／グレーツェルホテル

ウィーンマップ　158
ウィーン路線図　162

おわりに　164

# Eine Seite mit Mini-Information über Wien
## ウィーンのプチ情報

*01* **オーストリア政府観光局や、ウィーン市観光局のウェブ等でしっかり予習！**

基礎的な情報、観光情報など、かなり細かく掲載されています。初めて行く人にとっては色々と不安要素も多いはず。そんな不安を少しでも取り除いてくれると思いますので、行く前にぜひチェック!!
- オーストリア政府観光局　www.austria.info/jp
- ウィーン市観光局　www.wien.info/ja

*02* **アクセス良好！**

ウィーンへは羽田空港からの深夜発直航便が便利（ANAが運行しています）。他の空港からは各主要都市経由便でウィーンに入ります。直航便の所要時間は約11時間。

*03* **現地に着いたら、とりあえず WI-FI**

ウィーン国際空港の施設内は無料のWI-FIが使えます。市内までの行き方や滞在するホテルの場所など事前にチェックすると良いでしょう。また、空港でもヨーロッパ国内外で使用可能なSIMカードを販売していますが、割高なので市内まで出て購入するのが良いかもしれません。

*04* **空港から市内へ。行き方いろいろ。UBER"X"もあり！**

一番安いのはＳバーン。約30分おきに出ています。空港から市内のウィーン・ミッテ駅までは約30分。ホームにある掲示板に経由地が明記されているので、非常にわかりやすく一番安い行き方。また、シティエアポートトレイン（約16分）、タクシーやリムジンバスなどもありますが、最近はUBER"X"も。日本では使えませんが、いわゆる民間の方が運転するタクシーです。通常のタクシーよりも割安で最短ルートで目的地までピンポイントで送迎してくれます。事前に料金の確認ができたり、クレジッカード登録しておくと現地通貨がなくても安心。

*01*

*02*

*03*

*04*

*05* ### ホテルに着いたら、一息入れて、さぁ出かけましょう！
ウィーンはコンパクトな街なので、移動は公共交通機関（S&Uバーン、バス、トラム）がツーリストには圧倒的に便利です。乗車券には24h（1日）、48h（2日）、72h（3日）の3種類があるので、滞在日数に応じて購入するのが良いですね。購入後、打刻機で打刻さえすれば、あとは財布に入れておくだけ。

*06* ### 意外と寒いウィーンの気候
日本と同じように四季がありますが、日本の桜満開の時期でも、ウィーンは極端に寒かったりするので、この時期の服装は調節できるものを持って行くと良いと思います。個人的にオススメの時期は5月〜10月。真夏はカラッとしてますが、暑い日もあるのでサングラスや日焼け止めなど持って行くと良いでしょう。

*07* ### 治安のこと
ウィーンは比較的安全と言われていますが、ツーリストがたくさん集まるところでは、やはりスリや置き引き等が発生しています。特に蚤の市などでは、気づいたら財布がなくなっていた！　なんてことのないように気をつけましょう。

*08* ### トイレなど
ターミナル駅や公園にはだいたい公衆トイレがあります。一部有料のところもありますが、比較的きれいなので見つけた時に行っておくと良いです。

*09* ### 緊急連絡先など
- 在オーストリア（ウィーン）日本国大使館
  Haßgasse 6,1010 / +43 1 531 920
  平日9時〜12時、13時30分〜16時30分
- ウィーン市観光案内所
  Albertinaplatz / Maysedergasse / +43 1 24 555　毎日9時〜19時
- 交通局遺失物保管所（Fundbüro Wiener Linien）
  Siebenbrunnenfeldgasse 3, 1050 Wien / +43 1 400 080 91
  月〜金　8時〜15時30分（木曜日のみ17時30分まで）

 *05*
 *06*
 *07*
 *08*

ウィーンこだわり旅ブック

# Ein Reisebuch von Wien mit den auserlesenen Empfehlungen

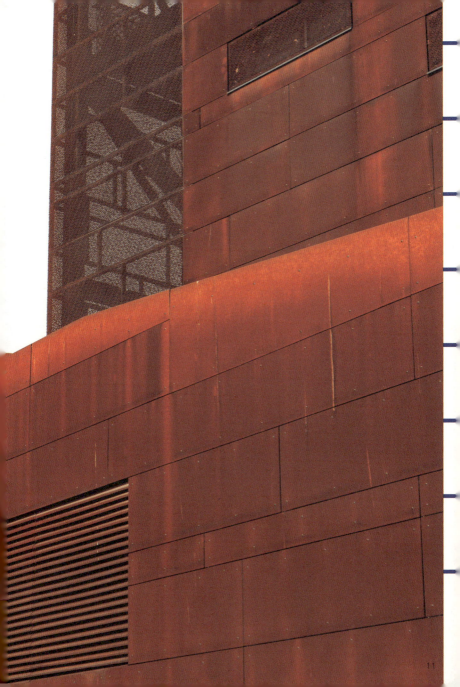

# Fliegen Sie mit ANA nach Wien.

 ANAに乗ってウィーンへ行こう!

　2019年2月に直行便の就航がはじまったANA。就航都市としては44都市目。欧州路線では7都市目の就航地でもあります。ウィーンはヨーロッパでも中央に位置し、他の都市への乗り継ぎも便利。羽田空港を深夜1時過ぎに出発し、ウィーン国際空港に到着するのは同日の早朝なので、その日は丸1日時間を有効に過ごせるのも良いところです。

ウィーン路線に使用しているボーイング787-9。シートが軽量化されたり、間接照明だったり気圧も一定に保たれているなど、新たなテクノロジーの採用によりこれまでにない快適性を実現しています。

 深夜便って便利なの？ 不便？ どっち??

　ヨーロッパへの長時間フライトではどうしても避けられないジェットラグ（時差ぼけ）。全くない人もいるかもしれませんが、個人的には日中のフライトよりも深夜便は少し楽な気がしました。ANAの機材はボーイング787-9。ビジネスクラス、プレミアムエコノミー、エコノミークラスの３つのカテゴリーからなります。音も静かです。搭乗後離陸し、しばらくすると機内は徐々に暗くなり安定飛行に。窓側

13

日本の民間会社による航空機の運航はGHQに全面的に禁止されていましたが、運航禁止が解除されたのは1950年。そのわずか2年後の1952年に設立されたのが、日本初の純民間航空会社である日本ヘリコプター輸送。後のANAです。

の座席ではわかるかもしれませんが、サンシェードは手動ではなくボタンを押すことで徐々に暗くなるタイプで繰り返し押してしまいました。流石に、この時間のフライトなので猛烈に睡魔が襲ってきますが、機内ではなかなか寝られない！　という方も多いそうですし、小腹が空いた方にはライトミールが提供されます。そしてお腹が満たされたところで、エンターテイメントプログラムをチェックすると、好きな時に好きな番組が見られる多彩なオリジナルプログラムが用意されていました。全てタッチパネルで操作しますが、この中で特に気になったのは「e-book」と呼ばれる独自のセレクトで集めた電子書籍プログラム。最新の雑誌から小説まで取り上げ、全て読み放題。もちろん新作の映画や音楽もあるので充分楽しめます。その後、到着約2時間前に朝食のサービスがあり、まもなくウィーン国際空港に。コンパクトな空港としても特徴的で入国審査も乗り継ぎがある場合でもスムースに移動できます。

左/ 大量輸送時代を迎えて導入されたロッキードL-1011トライスター。ANA初の国際定期路線東京-グアム線はこのトライスターで運航されました。右/ ANA初のエアバス社製の機体であるエアバスA320。「フライ・バイ・ワイヤ」と呼ばれる、コンピュータ制御を多用した操縦方法のハイテク旅客機。主に国内線で活躍しています。

左/ コンベア440メトロポリタン。当時の旅客機としてはもっとも高性能なレシプロ機です。当時国内最速と言われた航空機で、それまで名古屋経由であった東京・大阪便を直行便化、一気に50分も短縮しました。右/ ボーイング727-100は、ANA初のジェット旅客機。当時は世界各地で1,000機以上が活躍するベストセラーの機体でした。

## ANAとウィーンの歴史

1952年の会社設立以来、様々な都市への輸送をしてきているANAですが、ウィーンとANAの関係は1996年3月から2002年3月まで、成田ーパリ線をウィーン経由で運航していました。今回、およそ17年ぶりにウィーンに再就航し、日本の航空会社としては唯一の中・東欧路線に就航する航空会社になりました。現在はANAと同じ航空連合「スターアライアンス」に加盟するオーストリア航空が運航する成田=ウィーン線で、コードシェア（共同運航便）も実施しています。昔はヨーロッパといえば遠い国に感じましたが、年々新しい機材も導入され、かつ時間も有効的に使える深夜運航になったりと色々な形で進化し続けているANAに今後も注目です。

左/ 1986年7月に就航したロサンゼルス就航時の搭乗ゲートはたくさんの人で溢れていました。右/ 2019年2月17日、羽田ーウィーン線就航がスタートしました。ANAにとってヨーロッパ7都市目の就航地。ウィーンへはもちろん、欧州各都市へネットワークでますます便利になります。

# 1 Gebäude in Wien erkundigen

ウィーンの建築探訪

オーストリア郵便貯金会館。天井はガラス張りで、なんとも静寂な場所。奥に行くと昔の写真や歴史が見られます。

# Österreichische Postsparkasse

オーストリア郵便貯金会館

Georg Coch-Platz 2, 1010 Wien　　Mon-Fri, 10:00-17:00
https://www.ottowagner.com/austrian-postal-savings-bank/　　+43 1 534 533 3088

**見るからに頑丈。入っても頑丈な銀行**

　トラムも通る「リング通り」に建つこの郵便貯金局は、オットーワーグナーの代表作のひとつ。近代ヨーロッパと1900年頃のウィーンの芸術を語る上で最も重要な建物だと思います。ウィーンに行くたびに必ず訪れるのですが、入るのはタダ（笑）です。なんと、構想から開局まで、1904年から1912年もの期間を要した建物は、プロジェクトの条件に反して、銀行内のカウンターの上が全てガラスで覆われています。時代に先駆けて、構造に問題ないことを証明しているのですが、それだけではなく、例えば、建物を囲うようにあしらわれているアルミメッキ加工がされた金属の鋲は、高い技術と特徴を表していたり、建物自体を「お金を安全に保管するための甲鉄な宝箱」を象徴させるために強固な見た目にするなど、当時にしては、とてもエレガントな空間になっています。そして、銀行のメインホールは、待ち合わせに使われるため駅のような設えにしたり、立方体に似た形の椅子をデザインしたりと、全てがデザインの原理に基づいて選ばれているそうです。椅子やアームレストにはカバーがつけられていて、家具の傷みを軽減するためだけでなく、カバー自体がアートの一部としての価値があることを表していたりと、実際に使われていた当時から博物館のような形で運営されていたのですね。

左/ 窓口の囲いも贅沢な感じに。右/ 手すりの装飾や壁面の模様など、細かいディテールも見逃せません。

広々とした待合室には、ワーグナーのデザインした椅子がいろいろ。

外観を見たところ。てっぺんにはレリーフなどがついています。

MAP p159-3

# Loos Haus

ロースハウス

Michaelerplatz 3, 1010 Wien

**装飾しない建造物の先駆け**

　元皇宮宮殿であるホーフブルク宮殿のそばに建つ建物で、現在は「ウィーン・モダン」と呼ばれる中で最も有名な建物のひとつ。しかし、当時は歴史的主義を否定し、セセッシオンにあるような絢爛豪華な装飾を極力排除したシンプルな建物のため、歴史主義的思考が根強かった人々に衝撃を与えたそうです。特に正面の装飾がないため、当時の人々は皮肉って「眉毛のない建物」と呼んでいたそうで、あまりの抗議にちょっと譲って正面の窓にプランターを飾ったそうです（今もあります）。その後、1987年からRaiffeisenbankの建物として使用されていますが、その装飾のない見た目、下の階はマーブル模様、建物上部は漆喰で、窓がはめ込まれたつくりになっています。

　1909年、仕立て屋の"Goldman & Salatsch"のオーナーであったLeopold Goldman（レオポルド ゴールドマン）とEmanuel Aufricht（エマヌエル アウフリヒト）はここを建てる際の建築家を選ぶコンペを開き、あろうことか、このコンペに参加するのを拒否したAdolf Loos（アドルフ ロース）を選びました。その理由は諸説あるようですが、結果的にロースが建てた建物は、当時の他の建築物と比べて超シンプルになったという話です。今見ても特に気になることはありませんが、当時の事を考えると相当斬新な建物だったのですね。

建物はとても美しいですが、上下階の素材が違うため、当時は単純な設計ではなかったのだそう。見るからに周りの建物とは異なる雰囲気です。でも何回見てもかっこいいです。

MAP p160-4

# Karlsplatz Station

カールスプラッツ駅

Karlsplatz, 1040 Wien
https://www.wienmuseum.at/en/locations/otto-wagner-pavillon-karlsplatz.html

**こんな駅舎があるなんて素敵**

　19世紀末、当時成長期であったウィーンの交通網の発展を図る目的で初めてつくられた鉄道、シュタットバーン。その駅のうちのひとつ、カールスプラッツ駅の駅舎として、joseph Maria Olbrich（ヨーゼフ マリア オルブリッヒ）の協力のもとオットー・ワーグナーが設計し1898年に建てられました。その1年後の1899年には実際の駅として開業。1960年代に入ると鉄道が普及しUバーンに移行することとなり駅が使われなくなったため、取り壊される予定でしたが、市民の熱い抗議の声が相次ぎ、1977年、ウィーン美術館の一部として改築されることになりました。現在は東側の建物はカフェに、西側の建物はリノベーションされ、ワーグナーの常設展示スペースになっています。この駅舎は、アールヌーボー様式で設計され、2つの同じデザインの門がつくられました。金属と木の外装部分はシュタットバーンのカラーでもあるアップルグリーンに塗られ、全体は白の大理石で覆われています。さらに装飾として金色のひまわりがあしらわれているので、建物全体が「芸術」と呼べる作品にもなっていて、特に太陽が当たると金色の部分が反射して光る光景はなんとも素敵なのです。

ウィーンの世紀末時代の建築では知らない人はいないオットー・ワーグナーは、市営鉄道（シュタットバーン）の設計責任者でもありました。とにかく、建築歴史上、重要人物であることは間違いない人。

# Secession

セセッシオン

Friedrichstraße 12, 1010 Wien　　Tue-Sun, 10:00-18:00
https://www.secession.at　　+43 1 587 5307　　＊英語のガイドツアーもあります

**その時代の芸術を、その芸術に自由を**

　セセッシオンは建物の外側手前の柱と、エントランス部分、側面のガーランド、天冠には月桂樹の葉をモチーフにした目立つ装飾があり、この建物の1番のシンボル。中でも最も目を引く華やかなドーム型の天冠は、約2500枚ものメッキの葉っぱと、311個の実でつくられているそうです。そして中へ入ると、広々としたメインホールは四角く、壁は白く、天井は一面ガラス張り。セセッシオンは、この「ホワイト・キューブ」と呼ばれる様式で建てられた初期の建築のひとつで、空間をフレキシブルに使えることが利点です。また展示室も幅広い展示を収容できるよう、1階には版画室、地下には3部屋のギャラリーがあります。遠くからでも目立つこの金の建物は、夕方になるともっと幻想的に見えます。

　約100年の歴史の中で何度か改築やリノベーションを経ているのですが、エントランスホールは1901年にはじめて改造され、1908年には、一部のオーナメントと理念でもあった「その時代の芸術を、その芸術に自由を」の文字盤が取り外されたり、1945年の第二次世界大戦中には、ドイツ軍による爆弾で破壊されてしまうなど、数々のエピソードがある建物です。

メインの設計に関わったのは、ヨーゼフ・マリア・オルブリッヒ。当時まだ30歳。紆余曲折あり、必要に応じて設計を何度も書き直し、1898年4月礎石が置かれはじめ、そのわずか半年後に完成した建物です。

# Wotruba Church

ヴォルドバ チャーチ

Ottillingerplatz 1, Georgsgasse/Rysergasse 1230 Wien　Sat, 14:00-20:00
Sun, 9:00-16:30  Holiday, 9:00-16:30　+43 1 888 6147　＊Sバーンとバスを乗り継いで約45分

**小高い丘にある彫刻的な教会**

　23区のゲオルゲンベルクに位置し、昔は「人無しの地」と言われたほど静かなところにこの教会があります。この「ヴォトルバ教会」は「三位一体教会」として広く知られています。建物というより、巨大なブロックの塊と呼ぶ方がふさわしいこの教会は、彫刻家であるFritz Wotrubaにより考えられました。構想は1964年に練られましたが、実際に教会が建てられたのはその12年後。中心など関係なく積み上げられた152個のコンクリートブロック。それぞれの重さは2トンから140トンもあるそう。外側は直方体の積み重ねで混沌として見えますが、内部は250人もの人を収容できる広々としたスペースになっていて、見え方のギャップも計算されている教会です。

　フリッツ・ヴォトルバのアイデアをもとに、建築家のFritz Mayrが設計、MargaretheOttillingerが建設を担当。彫刻家であったヴォトルバは、「貧困がみにくさを意味する必要はなく、美しいが究極に簡素な環境の中で拒絶が起こることを表し、それでも幸福な感情を与える何かをつくりたかった」のだと言います。確かに、この意図を考えると「建物」というより博物館にある大きな「アートピース」のような佇まいで、ずっと観ていられます。

それぞれ、高さが異なる窓と隙間。この教会が建つ、ウィーンの森近くの小高い丘からの景色を見ることも。フランスのゴシック建築のひとつであるシャルトル大聖堂を参考にしたのだそう。ちょっとストーンヘンジに似てる感じもありますね。

# Campus WU

ウィーン経済大学

Welthandelsplatz 1 1020 Wien
www.wu.ac.at　+43 1 313 360　＊U2 Krieau 駅より徒歩 3 分

## 「未来の大学」はまさにこんな感じ!?

　2013年に新しいキャンパスが建てられたこのウィーン経済大学。国際的で、革新的、そしてダイバーシティ！　新しい校舎を建てる上で、WU（ウィーン経済大学の略称）は公共の機関ということもあり、経済的で、エコロジカルな、社会的にサスティナブルな建物をつくるということを目指しました。ただ新しい建物を建てるだけでなく、その過程で、未来の大学はこういう風になるに違いない！　と気づかされたといいます。新しいキャンパスは、学術研究や実用的なスキルを教えたり学んだりする場に加えて、社会的、文化的、そして政治的に新しい場となるようつくられたようです。新しいキャンパスには、7 つの建物があり、6 組の建築家により設計されました。もちろん、それぞれの建物は違って見えますが、構造、電力供給、換気装置、衛生設備などに関しては同じ基準のもとでつくられていて、キャンパス全体が、「グリーン・ビルディング」の規則に基づいて設計されています。また全ての部屋に自然光が入る設計になっていて、必要な電力の多くは地下水からの地熱発電により供給されています。

　さらに、このキャンパスのもうひとつの特徴は、バリアフリーなこと。全てのエリアが車椅子でも通行が可能で、また目の不自由な人のために点字ブロックも設置されています。その中でも特徴的な建物 3 棟を見てきました。あいにく中には入ってませんが、入って写真を撮ってる人もいました。

---

information

### ツアーについて

この大学では建築ツアーも実施されているので、興味のある方はプラター公園散策のついでに行ってみては（1 時間半から 2 時間でいくつかの建物の外と中を見るツアー）。また、全ての建物の中をみるツアーは 3 時間半から 4 時間。さらに個人的に特に興味のある場所をリクエストして見せてもらうこともできるようです。　＊要問い合わせ

● 図書館＆ラーニングセンター
この近未来的な堂々とした図書館・ラーニングセンター（LC）の建物を設計したのは、Zaha Hadid（ザハ・ハディド）さんで、WUでの研究や指導の中心となる建物。東京の新国立競技場の最初の設計ではこの方のプランでしたね。まさに宇宙の見た目の建物は、光と陰のコントラストが特徴的。色付きの繊維補強コンクリートが建物の正面に使われ、また、2つの建物はガラスによって分けられています。そして、メインエントランスは、「WUステージ」と呼ばれるキャンパスのセントラルスクエアに面していて、スクエアに向かって飛び出ている屋根が斬新な外観です。

大学内で唯一オーストリアの建築家が手がけたキャンパスは、金属で覆われた外観なのですが、全て錆びているようなデザインになっているのが特徴的。奥の建物にはMENSA（学食）があります。

● 2号館&スチューデントセンター
並行した2つの縦長の建物で構成されていて、入口は薄い板がいくつも重なっているようなデザインになっています。これは、フランスのお菓子、ミルフィーユから発想を得たそう。日本の建築事務所、阿部仁史アトリエにより設計されました。2つの建物の間は、自然光を室内に最大限に取り入れられる距離が計算され、設計されています。かっこいい！

# Alterlaa

アルターラー

Anton-Baumgartner-Straße 44, 1230 Wien
https://www.alt-erlaa.at/ ＊U6 Alterlaa 駅直結

## 末広がりな建物に住む人々の幸せ

　1960年代にHarry Glück（ハ リ ー　グリュック）が率いるGHR建築事務所（Glück, Hlaweniczka, Requat, Reinthaller）が将来の衛星都市として構想し1973年から1985年の間に建てられた大規模開発プロジェクト。「最大限の幸せを最大限の人々に」をコンセプトにこの建物はつくられました。ウィーン市内からたった20分くらい電車に乗ると着くショッピングモール付きのマンション群。間近に見ると圧巻です。建物はA、B、Cの3棟に分かれていて、それぞれが横長で平行に並んでいます。高さは約70mほどで23階～27階建て。全3181部屋の大規模集合住宅。ワンルームからファミリー向けまであり、テラスがついていたり、メゾネットタイプだったり35種類もの間取りがあるそうです。

　1978年と1999年に行われた調査では予想をはるかに超え、非常に高い住民の満足度を記録したそう。ということで、とても人気のマンションのため、空き部屋を見ることはほとんどないとか。現在は約9000人が住んでいるこの建物、古い時代に建てられているのにデザインがとっても秀逸。市内からほんの少し離れただけのこの開放感は羨ましい限り。このエリアだけの新聞やローカルのテレビ局もありました。

12階までは小さな庭付きバルコニーのある部屋があり、日当たりを良くするため、階段状に設計されていて、ここが裾広がりになっている所以です。また、建物の外側につけられたプランターは、部屋の中が見えないようにする役割も。

# Amalienbad Pool

アマリエンバッド プール

Reumannplatz 23, 1100 Wien　Tue, 9:00-18:00　Wed, 9:00-21:30　Thu, 7:00-21:30
Fri, 9:00-21:30　Sat, 7:00-20:00　Sun, 7:00-18:00　https://www.wien.gv.at/
+43 1 607 4747　＊U1 Reumannplatz から徒歩3分

## 戦前から続く公共プールは今も健在

　1926年に建築家のKarl Schmalhofer さんとOtto Nadelさんによって建てられた公共プール。Amalienbadという名前は、当時ウィーン市の顧問官であったAmalie Pölzerさんから名付けられたようです。アールデコの様式のこの建物は、開園当時はヨーロッパの中でも1、2を争う大きさのプールだったのだとか。元々、この辺りで働く人たちに向けて、心と身体のケア、そして毎日の健康のために使ってほしいという願いで建てられました。今ではプールだけでなく、サウナやシャワールーム、レストランなども併設されていて、歴史的にも古いウィーン市民憩いのプールと言った感じ。上階にある長い廊下にある個室は、外から入ってきて個室で着替えて、そのまま中のプールに。なんとも合理的なロッカールーム。扉も当時のまま。ここには165の個室があり、学生はもちろん、1日に約1000人も来るそうです。市内から少し地下鉄に乗りますが、ツーリストも来るそうです。サウナだけでも入ってみては!?

左/ 正面にエントランスがあり、入ると案内板は全てドイツ語ですが、なんでも勢いが大事です。右/ サウナにある足を洗うための場所。不思議で素敵すぎます。タイルのブルーが良い感じです。

正面に見える飛び込み台は1メートルと3メートル。それ以上は協会の選手などが使用するため普段は使えないそう。

こちらはシャワールーム。おしりだって洗えます。白と赤のなんとも言えないコントラストがナイス。

# Leopold Museum

レオポルド美術館

Museumsplatz 1,1070 Wien　June, July, August : open daily
From September on : Daily except Tue, 10:00-18:00  Thu, 10:00-21:00
https://www.leopoldmuseum.org　+43 1 525 701 584

## シーレが今、再び脚光を浴びるのに大いに貢献した人

　熱烈なアートコレクターのRudolf Leopold（ルドルフ レオポルド）さんのコレクションを収めるために設立された美術館は、妻のエリザベスさんと共に50年以上もかけて集められたエゴン・シーレやグスタフ・クリムト、オスカー・ココシュカなど物凄い数の作品が展示されていて、レオポルドさんが亡くなるまでディレクターをしていたそうです。また、美術館そのものも特徴的で、頭の中にあったコレクションに集中できること、それぞれの展示とのバランスが取れること、そして、ウィーンの美しい景色が見えること、というアイデアをテーマに、建築家であるオートナー兄弟が設計。リング通りに建つ砂岩でつくられた建物を参考に、ドナウで採れた貝殻石灰岩を使用した明るい建物になっています。まだ彼が22歳で医学生だったころ、ウィーン美術史美術館を訪れたレオポルドさん。昔の人々の作品に衝撃を受け、アートコレクターになりたいと思ったそうです。当時の社会主義体制や第二次世界大戦後で、人々からほとんど忘れ去られていたエゴン・シーレを発掘し、シーレの作品をコレクションするとともに、論文も発表しています。

左/ クリムトの風景画はとても印象的。白い家と湖畔の奥に見える森とのコントラストが見事に調和しています。右/ オットーワーグナーがデザインした家具。当時のオリジナルです。ウォールペーパーもかっこいい。

ワーグナーデザインの歴代オリジナル家具も一通り揃っています。

貝殻の石灰岩を使用した建物はミュージアムクォーター（MQ）の中でも存在感があります。

# Wien Museum Karlsplatz

ウィーン・ミュージアム カールスプラッツ

Karlsplatz 8, 1040 Wien（現在改装中）
https://www.wienmuseum.at/　+43 1 505 8747

**クリムトやシーレが間近で見られる美術館**

　ウィーン・ミュージアムは、市内にあるいくつもの複合の博物館や美術館を総称した呼び方で、このカールスプラッツにある建物はメインの博物館のひとつで、もうひとつはヘルメスヴィラにあります。その他分館は有名な音楽家が住んでいた場所や考古学的な遺跡などもあります。

　元々1887年より「ウィーン市歴史博物館」としてウィーン市庁舎にあった展示物たち。20世紀はじめにオットーワーグナーにより市営の美術館にすべきとのプランが持ち上がりましたが、2度の世界大戦があり、実現するには以後数十年もかかりました。

 AGGYS third wave coffee im Wien Museum im MUSA

MUSAミュージアムでも上質のコーヒーを

こちらはMUSAミュージアムに併設しているコーヒー店。ミュージアムに入らなくても利用は出来るので、例えばショップだけ見たい時とかでも良いかもしれませんね。カールスプラッツにもありますが、ウィーン市庁舎脇にあるMUSAにもお店があります。オーガニックのトーストやサンドウィッチも人気だそう。

Felderstraße 6-8, 1010 Wien　Thu-Sun, Holiday 10:00-18:00
http://www.aggys.at/

ここの展示は3フロアに渡り、新石器時代から20世紀半ばまでのアートや歴史を融合した美術館になっていて、歴史的なコレクションの中で見どころといえば、古代ローマの時代の軍営都市"Vindobona"の兵士キャンプで見つかった、ステンドグラスの窓や彫刻品など。元々、それらはシュテファン大聖堂にあった珍しい考古学的な発掘物です。また、ウィーン市初期の頃の地図や模型も展示されていて、中世の町から首都や王宮が建てられるまでの都市への移り変わりも見ることができます。

　ウィーン応用美術大学に入学する前は大工見習いであったオズワルドは、インテリアデザインや家具やグラスなどもデザインしていました。その経験から、この建物自体はキャビネットやショーケース、食器棚などが大きくなったようなつくりをしています。また、建物の素材や表面の加工には特にこだわり、建築的なスペースや形よりも大切にしていたそうです。

現在はリニューアルに向けて改装中ですが、この建物の雰囲気はとても良い感じでした。

MAP p159-①

# Hundertwasser Haus and Kunst haus Wien

フンデルトヴァッサー ハウス と クンスト ハウス ウィーン

Untere Weißgerberstraße 13, 1030 Wien　　Mon-Sun, 10:00-18:00
http://www.kunsthauswien.com　　+43 1 712 0491
Hundertwasser Haus / Kegelgasse 36-38, 1030 Wien

### 独特の色彩と特徴的な建物に魅了される

　必ず立ち寄る場所と言って良いほど有名なところでもありますが、今回はなんと自邸にお邪魔しました。普段は使われていない場所ですが、フンデルトヴァッサーがウィーンに戻って来たときには、良くここにいたそうです。現在はイベントなどで使われることもあるそうで、写真では分かりづらいかもしれませんが、床を平らにつくらないフンデルトヴァッサー。「平らでない床は、足にシンフォニーとメロディーを与え、人間に自然の感触を取り戻してくれる」と言う通り、ここも床が平らではありません。人間に尊厳を取り戻させるためであるとも。フンデルトヴァッサーは、1961年から日本にも滞在していましたが、滞在中には、自身の名前 "Friedrich" を、それぞれドイツ語の "Fried"（平和）、"Reich"（豊富な）に分け、日本名で「豊和」というハンコをつくって作品に残していたそうです。この場所に来るたび、奇抜な建物だなと思いますが、それでも何度も足を運んでしまうほどここには惹きつけるものがあるのだと感じます。

左/ 壁面の装飾が特徴的なクンスト ハウス ウィーン。見所満載の展示はもちろん、カフェもあります。
右/ 最上階にある自邸のリビング。奥の庭では養蜂をしていて、1階のショップで販売もしています。

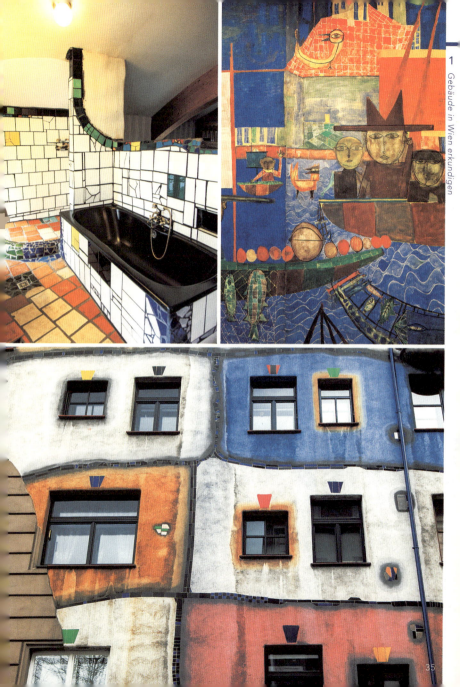

1 Gebäude in Wien erkundigen

> オーストリア政府観光局にオススメのプチトリップを聞きました！

## ワッハウ渓谷（世界遺産）とメルク修道院

*Wachau*

　ウィーンから電車で1時間弱。自然と文化がミックスしたワッハウ渓谷は、斜面に広がるブドウ畑や中世の面影を残す小さい村とキラキラと光る雄大なドナウ川がある世界遺産のエリア。こんな大自然が、ウィーンからたった1時間で見られるなんて素敵ですね。このあたりは温暖な気候で、古くからの独特な土壌によって育つ白ワインが有名な地でもあり、世界中のワイン専門家から高く評価されているそうです。さらに、メルクからクレムスまで約33キロに及ぶドナウ河岸には、数多くの歴史的建築も残されていて、渓谷全域にはカフェやガーデンレストランもあるので、郷土色豊かなローカルの食事も堪能できます。

### ● ドナウ川クルーズもできる！

*Donau*

　メルクからクレムスにいたる30数キロ一帯はドナウ川クルーズの中で最も風光明媚な場所として知られています。広々としていて、流れもゆるやかで、小高い丘に見えるぶどう畑や、その向こうにそびえる古城や教会のシルエットが、数分おきに目の前に迫ってくる様は、特に圧巻です。

Österreich Werbung,
Photographer: Martin Steinthaler (TineFoto)

Wachauer-Marillenknoedel
©AustrianNational Tourist Office_Wolfgang Schardt

● **メルク修道院**

*Melk Abbey*

メルク修道院（Melk Abbey）はオーストリア最大のバロック建築で、ワッハウ渓谷を象徴する建物でもあります。2000年にユネスコ世界遺産に登録されてからというもの、ツアーバスも引っ切りなしに押し寄せるほど人気な場所でもあったりします。とにかく展示品は素晴らしいとのお話でしたので、ワッハウと併せて行きたい場所。特に、修道院近くにはたくさんのお店があります。あんずの産地でもあるのでジャムやジュースなどの他、特にデザートはオススメだそうですよ。

---

ウィーンからの行き方

中央駅からメルクまでは約1時間。西駅からでも行けますが、たった1時間でこの景色はとっても魅力的。ホテルで朝ごはんを食べてから午前中に現地に到着し、ランチはドナウ川沿いで。船に乗った後、修道院を見て帰るとしても夕方には戻ってこられます。また、ウィーンからの往復チケットとクルーズ船の乗船券、修道院のチケットがセットになった「ワッハウチケット（Wachau Ticket）」が、オーストリア連邦鉄道（ÖBB）から販売されています。

https://www.austria.info

オーストリア政府観光局

Österreich Werbung, Photographer: Marius Höfinger

# 2

# Auch
# mal
# einen
# Firmenbesuch
# wagen

**会社訪問をしてみる**

ミュールバウアーの工房は、
市内からも程近いビルの2
階にひっそりありました。

2 Auch mal einen Firmenbesuch wagen

# Mühlbauer

ミュールバウアー

Franz-Josefs-Kai 15,1010 Wien
www.muehlbauer.at　＊工房は一般公開していません

## 素敵な帽子の数々

　ウィーンで帽子といえばミュールバウアー。というくらい、個人的に気になるブランドです。どのようにしてつくられているのかが、気になりすぎて、今回、会社訪問をしてきました。

　日本でも販売しているショップも幾つかありますが、ほとんどがセレクトされたもの。しかしながら、ウィーンにはミュールバウアーのショップもあるので、ウィーンに行くたびに訪れるショップのひとつでもあります。

　歴史を紐解くと、1903年、Julianna Mühlbauerは、小さな帽子工場とお店を、フロリズドルフというウィーンの郊外にオープンしました。その後、1920年代に息子のロベルト、60年代にハインツさんが継承し、100年以上経った現在、4代目となるクラウスさんの手に渡っています。クラウスさんは2001年から工場を受け継ぎ、オリジナルでハットのコレクションを展開。デザインは、デザイナーのNora BergerさんとMadeleine Bujattiさんが担当。製造はウィーンの工場にあるハット職人と製作チームによって行われています。

　上質なものを生み出す背景には、専門の職人がつくり、世界中から集めた素材を使うというこだわりよう。今や工場で生産されるうちの60％以上は国外に流通していて、各都市の有名店で販売されたり、ブラットピット、メリル・ストリープ、マドンナ、オノヨーコなどの著名人が愛用したりと、そのクオリティの良さはお墨付き。もはや世界ブランドとして超有名なのです。

A/ 特殊なミシンで内側の縫製をしているところ。ベテランの職人さんがカタカタと縫う姿が印象的。B/ 古くからあるスチームの窯は手動のハンドルで上下させて使っていました。宇宙船みたいです。C/ スチームされた後、柔らかいうちに形を整えるため、目印になるピンを数ヶ所にマーク。D/ その後は、帽子の木型に入れて成形。この後、これまた昔ながらの乾燥機に入れて最終段階に。

40

2 Auch mal einen Firmenbesuch wagen

41

### ハットをつくる工程

　フェルトや、わらのハットの製作には、職人の技がよく現れます。素材がゆるやかなコーン（円錐）型になっている、ハットコーンを木でつくられた帽子型にはめ込みながら、手で形をつくっていきます。次に、型どられたものを、スチームで蒸し、オーブンで乾燥。乾燥機から出すとハットの形になって出てきます。その後は、トリミングチームへ。細かい指示のもと、ステッチなどの装飾をほどこし完成。当然ながら、スタイルによって制作期間はバラバラで、1週間から1ヶ月くらいかかるものもあるそう。

### つくり上げるのはひらめきから、プロトタイプも様々

　デザインプロセスやいろんな要素を取り入れるのが難しく、素材はもちろん、パターンやスタイルなど、帽子に落とし込まなくてはいけないことが多くとても苦労するそうです。

ここのファクトリーには今までつくった様々な木型があり、天井にはサンプルがずらりと並んでいます。

伝統的なテクニックを使いつつも、遊び心をミックスしたデザインなど、トレンドを意識しつつも、毎日使えるものをイメージしてつくっているとか。ミュールバウアーの歴史やストーリーにはもちろん誇りを持っているとのことですが、過去のことはあまり深く考えず、未来のことを考えて、日々何ができるかを自分のスタイルで考えているところが良いですね。何百年も続いているブランドなのに、このラフさ加減が超絶カッコいいです。

## ほとんどがジェンダーフリースタイル

　1年に約22,000点をつくっていて、ファクトリーでは、約12,000点をハンドメイドで制作。特に一番デリケートな作業はここで行っています。ただ、ハンドニットはサラエボに発注したり、個人で縫製をしている人にも頼むそう。なんと、7台のソーイングマシーンでつくられていて、工業的というより、クラフト的なものつくりの現場にびっくり。と言うことで1日に20〜30個程度しかつくれないそうです。

　帽子用のフェルトが一番高級だそうで、密度が高いフェルトや、異なる素材、毛足の長いものなど、たくさんの素材がありますが、ここ30年くらい変わってないデザインもあるそう。もちろんオーストリアの伝統なハットもありました。

MAP p160-20　information

### ミュールバウアーショップについて

市内には旧市街と7区にお店があります。こちらの写真はトレンド発信地のノイバウガッセにあるお店。伝統的な帽子に加えて、キャップやハンチングのアウトドアで活躍しそうなものから、シーズン毎に販売されるものまで色々なタイプが揃います。特に、お店のデザインもシンプルで落ち着いた雰囲気がグッド。

Neubaugasse 34,1070 Wien　Mon-Fri, 10:00-18:30  Sat, 10:00-18:00
http://www.muehlbauer.at　+43 1 890 3295

# Ottakringer Brewery

オッタークリンガー ビール醸造所

Ottakringer Platz 1,1160 wien　Oct-Mar/Mon-Fri, 9:00-18:00
Apr-Sep/Mon-Fri, 9:00-18:00　Sat, 9:00-14:00　https://www.ottakringerbrauerei.at/en/
+43 1 491 000　＊U3 Ottakring 駅からトラム 44 番で 3 駅

## 知らない人はいないウィーンの地ビール

　1837年に、元々製粉屋であった当時のオーナーが、ブリュワリーをつくるために修道院だった約8,000㎡の土地を買い、そこにダンスホールやビアガーデン、大きなリビングルームなどと一緒にブリュワリーをつくったことから歴史が始まりました。オープンは翌年。その後1850年に、いとこ同士であったMessrs Ignaz（メスルス イグナス）さんとJacob Kuffner（ヤーコブ クフナー）さんが事業を受け継ぐことになります。そこでさらにビールの醸造に力を入れ、以来家族経営で会社を受け継いできました。現在ではウィーンのみならず、オーストリア国内でも2番目に大きなブリュワリーとして知られています（ちなみに1番はザルツブルグにあるシュティーゲル）。ウィーンの上水道はアルプスからの水が使われているのは周知の通りですが、ここは自社で保有している井戸があり、なんと100mの深さから湧き出てくる水を直接吸い上げてビールをつくっています。モルトとホップの組み合わせも無限にある中でブリューマスターが丁寧に選んだ組み合わせで醸造。数々の賞も獲得しているオリジナルのビールもたくさんつくっています。

　最近では小ロットで醸造するクラフトビールもはじまりました。オリジナルレーベル "BrauWerk" は、クラシックなもの、フレーバーが入ったもの、めずらしい原料のものなどをつくっています。今や、世界的に広がるクラフトビールの流行でよくつくられるIPAやポーター、ペールエールだけではなく、「ジントニックエール」や「ワッフル・スタウト」、そして酸味のあるビールなども醸造しています。

A,B/ 大きなタンクを前に、ビールに関する工場ツアーやセミナー、テイスティングなども行われており、ビールについてのアクティビティにも参加することができます。（要予約）C/ 工場見学後にビールの試飲とプレッツェルが食べられます。そして、ほぼ全ての種類が飲めます!! D/ 以前、使っていたという大きな樽。人が中に入って清掃していたそうです。

2 Auch mal einen Firmenbesuch wagen

45

MAP p159・32

# PARÉMI

パレミ

Bäckerstraße 10. 1010 Wien　Mon-Fri, 7:00-18:00　Sat, 8:00-17:00
http://www.paremi.at　+43 1 997 4148

**13世紀からある建物を1年かけてリノベーション**

　Patricia(パトリシア)さんとRémi(レミ)さんによるフレンチパティスリーのお店は、パンやお菓子はすべて無添加で手作り。ベストなクオリティのものをお客さんに出しています。レミさんはクロワッサン、パトリシアさんはホームメイドグラノーラが一番好きなのだそうですが、お菓子の種類はエクレア、トリュフ、マカロン、マドレーヌなどたくさんあります。特に人気なのは、ル・シトロンという名前のお菓子で、レモンムースと松の実のクランチがホワイトチョコレートタルトの上に乗せられたもの。来てもらうお客さんに工房を見せるのは、職人たちにもつくる喜びを感じてもらいたかったからだとか。そもそも、ウィーンにフレンチスタイルのパン屋さんが少ないことから2017年11月にオープンし、以降、毎日早朝から大人気のパティスリーは、約20分おきにフレッシュなものが出て来るので、いつ行っても賑わっています。

　バゲットとクロワッサンはここの定番なので、ぜひ試して欲しいです。

左/ お店をつくる際に考えていたアイディアノート。何度も話し合いレイアウトを考えていたそうです。右/ 工事中の写真や試作のパンなどたくさんの写真やメモがスクラップされています。

A/ ウィーンでは朝から甘いものを食べる習慣もあるので、早朝からズラリとケースに並んでいます。
B/ 朝からほぼ満席の店内。次から次へとお客さんが入ってきます。C/ 菓子パンも充実の品揃え。
D/ 食べている人にもつくり手の様子が見えるようにガラス張りに。

A

Flocon Coco
6,80

Le Citron
6,20

Moelleux au Chocolat

2 Auch mal einen Firmenbesuch wagen

B

C

D

47

MAP p159-30

# Joseph Brot

ヨーゼフ ブロート

Albertinaplatz / Führichgasse 6, 1010 Wien　BAKERY & PATTISSERIE & CAFÉ BISTRO
Mon-Fri, 8:00-20:00　Sat-Sun&Holiday, 8:00-18:00　https://www.joseph.co.at/en/

## ウィーンでパンを食べるなら

　全てのパンを昔ながらの製法で焼くヨーゼフ ブロートのパン生地は、原料
すべてがオーストリア国内にあるオーガニック農園から仕入れられ、さらに
24時間以上寝かせ、スチームオーブンで2度焼いてからつくられます。彼ら
の哲学は、「自然であること」。ハンドクラフトであることが原料にこだわり
伝統の製法を維持すること、そしてそれに固執しすぎず、今の自分たちに合っ
たやり方へ自然に変えていくこと。キッチンも自分たちが自然に、そして自由
に動けるように、パンに愛情を注げるようにと考えてつくられました。求めて
いるのは、「ウィーンで一番美味しいパンを提供する」ということ、そしてこ
の街に出来立てのものがサーブされ、手作りである喜びを感じてもらえるよう
にすることだそうです。

　2009年にJosef Weghauptさんによりオープンされました。完璧なパンを
求めて探究しつづけた後、自分自身でつくることにし、その熱意や想いがオー
ストリア人の美味しいパンに対する愛に火をつけたそう。そのためヨーゼフさ
んは「パンの復興仕掛け人」とも呼ばれています。上質な原料に加えて、すべ
ての過程を手で行うという、昔ながらのレシピに忠実でいることが、ヨーゼフ
のパンを最高に美味しくしている理由なのです。

　オーガニックパンのお店というだけではなく、100%自然由来、100%地元
で採れたもを100%自社工房でつくっています。パン工房はウィーンから車で
50分ほど離れたオーストリア南部にあるブルクシュライニッツという小さな
村にあります。伝統的なやり方を継承しているだけでなくハンドクラフトを意
識しながら今の時代に合って自分たちのやり方で製造しています。

A/ 目の前は遠くまで何もない自然な環境。B/ 工房ではかなりの人数で生地をつくっています。C/
出来立てのパン、出荷待ちのパンは凄まじい量ですが、その日のうちに各店舗に配送されます。D/
ここでは店頭で販売されるスイーツも焼いています。

2 Auch mal einen Firmenbesuch wagen

左/ こちらのお店はWien Mitte駅の近くにあるベーカリー。天井も高くハンガーに似た照明がアートにもなっています。右/ ここの定番、アプフェル・シュトゥーデルと濃厚バニラソース。薄いパリパリの生地感がたまりません！

### 洗練されたデザイン。とにかくオシャレな空間

　地元の人やウィーンを訪れた世界中からの観光客に親しみのある空間を提供しよう！　というのがお店のコンセプト。歴史的な建物が並ぶウィーンの中心街にあり、オペラハウスとアルベルティーナ美術館のすぐ横、とても立ち寄りやすい場所にあります。また、ビストロを併設していて、ランチにはデリなども提供しています。アルベルティーナの近くにある店舗は、2017年秋にオープン。はじめはパン屋のみでしたが1年も経たないうちに、隣にあった建物が空くこととなり改築しビストロを併設したそう。他の店舗でもカフェを併設しているところもあります。

A/ ガラスケースに入ったパンの香りがお店中に広がっています。B/ オペラハウス近くの店舗にはテラス席も。C/ 女性スタッフさんの制服がカワイイです。D/ ミュールバウアーとコラボしたパンを入れる「ブレッドバッグ」。カンパーニュを入れる為だけにつくられたというから驚き。

## スペシャルなパンもあります

「オーガニック・ヨーゼフ・ブレッド」は代表的な定番商品。バランスの良い味で、外はカリッと、中はもっちりのサワードゥブレッドと地元の農園でつくられた穀物を使った様々な種類のパンもあります。スイーツも充実していてカップケーキやタルト、そして、ウィーンといえばの「アプフェル・シュトゥーデル」も。パイのような生地にリンゴを巻いて焼いたお菓子も大人気です。

また、p100でも紹介しているレストラン「ウルリッヒ」ではスペシャルなパンをつくっているとのこと。レストランやカフェなど、横の繋がりも多くあるウィーンの人たちに愛されています。

# RIESS

リース

Maisberg 47, 3341 Ybbsitz
https://www.riess.at　+43 7 443 86315　＊工場見学は 10 名以上で要予約

## どうして高いのか？　そのルーツを探りに

　RIESSは、なんと1550年にオーストリア南部にあるYbbsitzという町で創業、以来リース一家によって現代まで受け継がれてきた超老舗の調理器具メーカーです。日本でもセレクトショップでは見かけることはありましたが、いかんせん値段が高い！　でも、なぜ高いのか？　輸入品だからなのでしょうが、それ以外にも理由があるような気がして、現地に行くことにしました。専門であるホーローの器具をつくりはじめたのは1922年、現在の社長のおじいさんの代からだそうで、現在9代目、Julianさん、Friedrichさん、Susanneさんの3人がバトンを受け継いでいます。

## ホーロー製品をつくるまでの歴史

　おじいさんたちがオーナーだった時代の19世紀頃、身体に害のない、安全な調理器具をつくりたいと考えホーローの素材が選ばれました。

　先代がホーロー製品の製造に投資するかどうか判断を迫られた時のこと。投資のための資金が必要だった彼らは、自分たちが持っているものからお金をつくることを考え、長年受け継いできた土地を売ることを決心します。この決断に至った背景には、先代が描いてきた「完全なる自立」という方針があり、次世代のために借金を負いたくないという想いもあったそうです。

　この方針は今でも受け継がれていて、短期間の動きにとらわれず、長い目でみるようにしているのだそう。これはこれまで長い間使われてきた機械にもいえること。原料とエネルギーは特に貴重なので、なるべくゴミが出ないような方法で運用しています。

2 Auch mal einen Firmenbesuch wagen

しばらく山間部を車で走った先に出てくるRIESSの看板。昔のロゴのままでかなりの萌えポイント。

塗装が仕上がり次の工程に移る前の状態。至る所にこの状態のものがあり、あれもこれも欲しくなってしまう。

左/ くるくる回る轆轤の機械で、均等に吹きつけ塗装をしているところ。ムラが出るとやり直し。右上/ 型にはめて出てきた最初の状態。右下/ 内側を塗る工程。こちらはオートマチック。

## なんと自社の水力発電も

　調理器具メーカーの中で唯一、二酸化炭素をほとんど排出しない製造方法をとるリース。なんと、水力発電の発電機自体も自ら生み出した電力によって動いています。これには驚きました。水は環境を汚さずにエネルギーと製品を生み出すための源。だからリースにとってこれからの世代のためにこの資源を守ることは、当たり前のことなのです。そもそも、水力発電機が建てられる以前、燃料は近くの山から採れた石炭を使用していたそうですが、石炭は資源として有限であり石炭を燃やした時に発生する煤が周りのものに被るなどの理由から環境に良くないと考え、エネルギー源を水力発電に切り替えることにしました。そして、1926年にはじめての水力発電機がYbbs（イプス）という川に沿って3台建設され、それ以来、製造に使われる全てのエネルギーは無限の資源から得られ、環境にも良い水力発電によって供給されています。

左/ 塗装を終え乾燥させ、このあとツヤツヤの加工待ち。右上/ 注ぎ口の確認。トゲトゲしたバリがないかどうかは重要なポイント。右下/ かなり大きめのものもたくさんあります。

　その時のオーナーの1人、Julian（ユリアン）さんは、水力発電のダムを建設する際、これまでそこに住んでいた魚たちが卵を産む場所がなくなってしまい、自分たちも次の年に釣りができなくなってしまうことに気づきます。そこで余った建材を使い、魚が通る道をつくることを考えました。こうしてオーストリアで初めての魚道も同時に完成させたのです。

　そして、2016年には新たな水力発電機を設置し、さらなる電力の供給を確保することができるようになりました。また同時に変圧所も設置され（Weyretsau/Ybbsitz）、電力損失や断線などを防ぐために、ケーブルを地下に埋める工事も行いました。自社で生み出す電力のうち、約3分の2は一般家庭にも送電していて、約2,000軒もの家の電力を供給できるほどだといいます。それにより年間約4,200トンもの二酸化炭素の排出を抑えることに貢献しています。

左/ CSOのユリアンさん（左）とCTOのフリードリッヒさん。右/ 自社の水力発電設備。

## デザインと製品のクオリティ

「良いデザインは長く愛される」と語るユリアンさん。これまで幅広い分野の様々なデザイナーとタッグを組んで商品を製作してきました。60年代から70年代の代表的なデザイナーで、オーストリアの産業デザインの父とも呼ばれるカール・オーボックさんは、ストライプ柄の丸みのある深い鍋をデザインし、2003年にはイギリス人デザイナー、Tom Dixon（トム ディクソン）がイプジッツにて、"multifunctional enamel living surfaces"（ホーローが魅せる生き物のような多面性）という、ホーローを家具の素材として使うというブランドを立ち上げました。そして、ここでは企業の看板や道路標識もつくられています。オーストリアを始めドイツやイタリアの標識も手がけるほど、そのクオリティは世界中からも信頼されています。

## 原料の仕入など

流通量や価格よりも、クオリティを最優先した製造方法を選んでいるそうです。この品質だからこその価格だったのです。高い品質の製品をつくるために、原料や製品に使用する素材の基準を定めていて、リースに材料提供しているメーカーはすべて、BSCI*の参加企業。また、オーストリアの経済発展も目的としていて、なるべく国内の会社と連携を取るように努めているそうです。

## 働く人たちとの関わり

リースは家族経営だからこそできる、働く人にとってもやさしい会社づくりを行っていました。リースのある、Eisenstrasse（アイゼンストラッセ）（通称アイアン通り）は、リース一家が長年腰を据えてきた場所であり、彼らはこの地域の一部として苦楽を共にして来たこともあり、自分たちのことを『大家族経営』と呼んでいる

---

＊BSCI（Business Social Compliance Initiative）はブリュッセルに本拠を置くNPOで、FTA（Foreign Trade Association）のイニシアティブとして2003年に設立されました。BSCIの参加企業はFTAのメンバーでもあり、「自由な貿易。持続可能な貿易」というFTAのビジョンを共有しています。現在1500社以上が参加しています。

のです。それには2つの意味があって、ひとつは、私たちが先祖代々この事業を受け継いできて、現在9代目であるということ。そしてもうひとつは、ここで働く従業員たちと家族同然として付き合っているということです。私たちが経営者として生きるか死ぬかを決めるのは私たちに対する評価であり、だからこそ従業員たちの健康や満足度はとても大切なんです、と。

### 社員寮も完備した自由な働き方改革

　1930年代に経済危機があり、急に売上が落ち込んだ時のこと。従業員たちを解雇するのを防ぐために、工場の敷地の近くに15棟の家を建て、従業員約30名が住めるようにしたそうです。そこには無償で住むことができ、庭で野菜を育てることもできました。今でもそのうちの11棟はそのまま残っており、何か事情がある場合やマイホームを建てるまで住める寮となっているとのこと。素晴らしい環境で仕事ができるのですね。時折、従業員に気さくに声をかける社長の姿はまさに家族そのもの。35年以上ここで働く人もいれば、まだ10代の若者もいる。はるか昔から積み上げられた歴史の中とたくさんの想いが詰まっていた商品なのでした。

---

Geschirr SLADEK

古いタイプのものもあります

工場見学のあと「昔から販売しているお店なんだ。必ず行ってみてよ！」とユリアンさんに言われて訪れたお店は、なんと1869年の創業当時から家族で経営しており、オペラ座と同じ設立年。シェーブルン宮殿からも徒歩約10分なので観光客も多いそう。オンラインでの購買も多いそうです。ディアンドルと名付けられた伝統的な衣装に合わせた模様のものなどもありました。

Reschgasse 10,1120 Wien　Mon-Fri, 8:00-18:00  Sat, 8:00-14:00
http://www.geschirr24.at　+43 1 812 1550　＊U6 Niederhofstraße 駅から徒歩2分

# 3 Das alltägliche Leben in Wien

ウィーンの暮らし
いつもの暮らし

ティタードさん宅(左右とも)。黒い壁面に白いタイル、そしてグレーのラインが絶妙にマッチした外観が素敵。

3

*Das alltägliche Leben in Wien*

1歩入るとそこはアートミュージアム。至る所にオブジェがありました。

59

# Diethard Leopold House

ディタードさん邸宅

**閑静な住宅街にひっそり建つ邸宅**

　市内から電車とバスを乗り継ぎ約50分。高台にあるディタードさんの自宅は、先に紹介したヴォルドバ チャーチからもほど近く静かな環境にありました。もともと宮崎大学でドイツ語の先生をしていたそうで日本語も堪能。東北大学でドイツ文学を教え、山形大学でも教鞭を取っていたそうです。現在は、オーストリアと日本との相互交流事業のオーガナイズやアーティスト、ミュージシャンのサポートなどの仕事もしているそうです。そんな自宅には彫刻やアート作品など多数ありとっても素敵。そう、お名前にもある通りMQにあるレオポルド美術館はディタードさんのお父さんのコレクション。レオポルド美術館のファウンデーションとしても活動されています。

　1994年まではお父さんのコレクションがメインでしたが、2010年以降は新しいものも随時増やしているそう。個人的にはスカルプチャーも好きだけど絵画も好きとのこと。旅先で新しいコレクションを購入することもあれば、インターネットで購入することもあるそうです。そんなご自宅は、シンプルモダンでとても素敵な雰囲気。

左/ レオポルドご夫妻。いつも多忙な毎日を送っていながらも弓道もされるお方です。中・右/ シックにまとめられたダイニングキッチン。そして木をくり抜いた洗面台がとても斬新。

白い壁面にズラリと飾られた作品は世界中から集まってきています。

スカルプチャーを始めオブジェや器など置いてある佇まいが素敵です。

# Paul Scheithauer House

ポールさん邸宅

**どこに行くにも便利なエリアに一人暮らし**

　ナッシュマルクトにほど近い6区に住むポールさん。インテリアカーペットのECサイト運営をしています。このアパートには約5年前から住んでいるそうで、とても気に入ってるそう。22歳でチロルからウィーンに出てきた、いわゆる田舎育ちですが、都会の生活に憧れる日本の若者と同じ感覚に親近感が湧きますね。ウィーンのアパートは日本と同じ不動産屋経由での契約が多いそうですが、ここはたまたまオーナーとの直接交渉だったそうです。そして、オーナーがサックスの演奏をしていたこともあり、ポールさんは趣味のギターをしていたことで、共通の趣味を通じ共感し心が通い合って必然的にここに住むことになったと言います。インテリアデザインが好きなので、部屋のコーディネートもかっこいいし、ルーフトップにも出られるので、市内を一望できるのも魅力です。週末は家族と一緒にいたり、山に行ったり。冬はオーストリアでも人気のスキーに行ったりと自然と一緒に過ごすことが多いそう。

　大きくて広いキッチンでは良く料理もするそうで規則正しくとても充実した毎日を過ごしていました。

左/ イケメンのポールさん。朝は6時に起きてヨガやワークアウトもするとか。中/ 柱に沿ってキッチンがあり、使い勝手も良さそう。右/ アートも斬新です。

A/ 一番上の階にあるので天窓付き。天気の良い日は自然光がたっぷり降り注ぎます。B/ 植物も好きなので、あちこちにあります。C/ ルーフトップからの眺望は都会そのもの。D/ ダイニングの家具は程よく使い込まれていて、ビンテージな感じが素敵です。

3 Das alltägliche Leben in Wien

A

B

C

D

# Marion Zimmermann House

マリオンさん邸宅

**築100年なんて、そこらへんにゴロゴロ**

　ウィーンミッテ駅からも徒歩で数分のところにあるマリオンさんのご自宅は、なんと築150年。この辺りは築80年から90年くらいの建物が多い地域で、2018年1月からここに住んでいます。ここの前は家族と一緒に住んでいて、家族もみな同じ3区に住んでいたため、自分たちも3区限定で探して、ようやく見つけたそうです。古い建物は天井が高く、もっと古い建物になると部屋が狭かったりするところもウィーンでは多いようです。特に天井が高いから冬の寒さも厳しいとのこと。一方で、夏は建物がコンクリートで冷たいこともあり、エアコンがなくてもそこまで暑くはならないとか。日中は太陽が当たるので、ちょうど良い温度で過ごせるとのこと。そもそもヨーロッパの建物には、エアコンがついている部屋を見ることが少ないかもしれません。でも最近はホテルにもエアコンをつけるところも多くなったと聞きます。世界的にみても温暖化の傾向なのですね。

左/ 旦那さんとマリオンさん、そしてフィリップ君（1歳）。休みの時は2週間半ほど長期休暇を取って旅行に行くことが多いそう。羨ましい!! 右/ 古いストーブは、この建物の中でもここだけについてるもの。寒い時は実際に使っているそうで、各部屋にはセントラルヒーティングをつけたそうです。

A/ コンパクトなキッチンは、一般よりも少し小さめですが事足りるそう。B/ 出窓からの眺め。築100年前後の建物ばかり。C/ 自然光がたっぷり入る明るい部屋はフィリップ君の遊び場に。D/ 玄関前にあったビンテージ棚と植物。E/ こちらはダイニング。ブルーが基調のシンプルなお部屋。

3 Das alltägliche Leben in Wien

# 4

## Am Wochenende muss man auf den Flohmarkt gehen!

週末は絶対蚤の市！

MAP p158-22

# Naschemarkt

ナッシュマルクト

Kettenbrückengasse, 1060 Wien　Sat, 6:30-14:00 くらい

**早起きするとやっぱり良いことあるかも!?**

　毎週土曜日に行われる蚤の市はケッテンブリュッケンガッセという駅を降りた一帯がマーケットに変わります。オットーワーグナーのマジョリカ・ハウスの目の前にある駐車場を使って開かれている蚤の市は、ガラクタに混ざってビンテージ雑貨が隠れていたりするので、見るだけでも楽しく、隣接するカフェや飲食店に立ち寄りながら歩くのがオススメです。昔に比べると、最近はハンドメイドものや古着を売っているスタンドも多く、なんともごちゃ混ぜ感がすごいです。例えば、買い物のテーマを「made in Austria」とかにして、宝探しをしてみるのも面白いかもしれません。

いかにもチロル地方にいるような動物柄のイラストが入ったグラスは、なかなか日本では見られない代物。ひとつ1ユーロ。どこのスタンドでも、グラス類はだいたい1ユーロ。激安!!

4 Am Wochenende muss man auf den Flohmarkt gehen!

Das ist eine antike Tasse!
これは年代物のマグカップだよ!

Es gibt viele tolle Sachen zu finden!
掘り出し物がたくさんあるよ!

左/ 鉄道オタクには鼻血ものの地下鉄行き先表示板が! 古いものほど高価だそうです。他にも、RIESSのビンテージもの(ブラウンはあまり見ないです)や、旧東ドイツ時代の木製玩具などもあったりします。

67

Das ist so teuer, geht es nicht etwas billiger?
高いから安くしてよ！

A/ このスタンドでは主に貴金属を扱っていますが、掘り出し物もありそう！ B/ どのように使うのかわからない「イエナグラス」の試験管。でも、オブジェとして飾って置くのも良いかも。C/ タバコの自販機まで売ってます。 D/ サイケな古着もいろいろ。 E/ メイドインオーストリアの食器類。F/ ウィーンらしくクラシックなホテルのステッカーは、コレクションしたくなるものばかり。

コンディションの良いブリキカーなどをコレクション。ここら辺のものはとっても高いです。

ダンボールに入れて、そのまま出している人も多く、こちらでは古本ばかりを売っていました。

Am Wochenende muss man auf den Flohmarkt gehen!

MAP p159-21

# RINGSTRASSEN-GALERIEN

リンクシュトラーセン・ガレリエン

Kärntner Ring 5-7, 1010 Wien　Sun, 9:00-15:00 くらい
https://www.zeitreise.tv　＊詳しくはウェブでチェック

**ナッシュマルクトの後に……**

　一方、こちらは屋内で開かれている蚤の市。なんと、ショッピングモール内で行われています。そもそも、ウィーンのお店（飲食店以外）は日曜日のお休みがほとんど。それを良いことに？　なのかわかりませんが、モール内のシャッター前にスタンド（屋台）が出ています。天候に左右されず、ましてや寒い冬などは、屋内のマーケットは見ているだけでも楽しめる場所。こういったところもウィーンにはちらほらあるので、ぜひチェックしてみると良いかも。

A/ 屋内なので、外の蚤の市よりも、きれいに美しく並んでいます。B/ 古いラジオなんかもかっこいいですね。実際に使えるようですが、日本で使えるのかな？　C/ ゼンマイ仕掛けのネズミのおもちゃは1950年代の頃のものだとか。D/ こんな電話を本当に使っていたのですね。見ているだけでも楽しめます。

ウィーンで見つけたウィーンのもの

a/ 老舗チョコレートのアルトマン&キューネのパッケージ。1930年代の頃のデザインをモチーフにしたもの。b/ 市庁舎が描かれた1970年代頃のノート。c/ ウィーンのシンボルが描かれているマッチ箱。結構大きいもの。d/ 手の形をした真鍮のクリップ。e/ ユリウス・マインルのビンテージクッキー缶。f/ 50年くらい前のウィーンの古地図。

# 5 Verschiedene schöne Gemischtwarengeschäfte

雑貨ショップいろいろ

キレイに並べられた壁面には、ヨーロッパ各国からやって来たものが。ディーセレリー店内。

MAP p160~ 13

# Die SELLERIE

ディー セレリー

Burggasse 21/1,1070 Wien　Tue-Fri, 15:00-19:00　Sat, 11:00-17:00
https://diesellerie.com　+43 6 991 210 9304

## 地元の人も足しげく通うセレクトショップ

　外観からして素敵な感じがしていたこのお店。ヨーロッパ各国から集めたインテリアグッズや文房具、そして作家ものの陶器やアート作品など、小ロットで生産されるものを中心に扱っています。オーナーは2人のグラフィックデザイナー、Patrick Bauer（パトリック バウアー）さんとGeorg Leditzky（ゲオルク レディツキー）さん。お店で扱っている商品のほとんどを直接メーカーや作家さんとやり取りしているので、どのようなストーリーを持って出来たものなのか伝えることができるそうです。特にオーストリア北部のガラス工場とコラボしてつくった商品など、ここでしか手に入らないものもいくつかあるのでお土産にも良さそう。

　オープンは2010年。型にはまらない素敵なデザインのものを買える場所をつくりたいという強い思いもあったようです。また製作過程に透明性があり、サスティナブルかどうか、タイムレスな美学があるかどうかもとても大切なポイントだそう。流行りにはとらわれず、新しいものの提案も今後はしていくとか。個人的にイチオシのお店です。

左/ オリジナルのルームフレグランスは、オーナーの地元ウィーンをイメージしてつくった香りなのだそう。右/ シックな外観のウィンドウディスプレイが好きな感じ。店内に入ると心地よい香りもグッド。

YARD ETCはスウェーデンのガーデン愛好家によってつくられた自然派のスキンケア商品。

コンセプトの背景にあるのは、デザイン、マテリアル、ハンドメイド。

MAP p160 - 5

# Sous-bois

スーボア

Neustiftgasse 33,1070 Wien　Mon-Fri, 11:00-18:00　Sat, 12:00-17:00
https://www.sous-bois.at　+43 6 9913 066878

左/ ものづくりをしたいと思えるようなインスピレーションを与える場でもありたいのだそう。中/ テーブルを挟んで可愛らしくディスプレイ。右/ お土産にも良さそうな手頃な価格のものもあり！

## オシャレ文具は万国共通

　ウィーンの7区にある文房具屋さん。こだわりのブランドやデザイナーの商品をセレクトしています。例えば、カヴェコ、コヒノール、パペロテ、パピエ・ティグル、モノグラフなどのヨーロッパからの輸入文具はもちろん、トラベラーズファクトリーやハイタイドなどの日本の文具も扱っていて、アートブックも置いてあります。もともと、パリ出身のグラフィックデザイナーであるChloé Thomasさん。パリでデザインを勉強し、その後フリーランスとして働きますが、紙ものや、ものづくりが好きで、それが文房具屋を開きたいという想いに繋がったのだそう。洗練された文房具の魅力をもっと見てもらいたいという想いからウィーンでショップを開きました。お店では、製本やドローイングなどのワークショップも定期的に開催しています。

# Glein Atelier & Shop

グライン アトリエ & ショップ

Neustiftgasse 18,1070 Wien　Tue-Sat, 10:00~18:00
https://www.glein.wien　+43 6 602 559 535

左/ シンプルながらも上品な内観。右下/ それぞれコンセプトがあり、スニーカーのような履き心地を意識してつくられた革靴や、ジャージのようなTシャツ、コンパクトなお財布などがあります。

## ものづくりのトータルデザイン

　オーナーはSebastian(セバスチャン)さん。家具などのプロダクトデザインを学んだのち、数十年間友人と工房を持ち、オーストリアのミリタリーブーツを製作してきました。そこでの経験が新しい商品を生むきっかけとなり、ファッションアイテムや小物を製作するため、グラインを立ち上げました。ヨーロッパの工房ともコラボレーションしデザインや製作をしていて、なるべく手に取りやすい価格にするために自社のアトリエショップとウェブサイトのみの販売に限っています。またその多くは、自然素材でサスティナブルなものを使うようにしているのだそう。モノをつくる過程で誰も傷つけずに、美しいものにしたいという想い。素材も工房もベストなものを選んでつくられたものは、新たな使い手への橋渡し役でもあるのですね。

# Huber & Lerner

フーバー & レルナー

Weihburggasse 4,1010 Wien   Mon-Fri, 10:00-18:00  Sat, 10:00-14:00
http://www.huber-lerner.at/   +43 1 533 5075

MAP p159-3

左/ お店は高級ブティックが建ち並ぶ1区に。右/ お客さんのニーズに対して最大限に応えること、というお店の看板商品はオリジナルでつくれるカードやレザーのアクセサリー。もちろん筆記具もあり。

## 王宮御用達の文具店で印刷してみる

　Theyer & Hardtmuthという会社でセールスアシスタントだった、Franz Huberさんと Peter Lernerさんが、一緒にお店をオープンしようと決めたのは、なんと1901年。現在は、Pia Fischerさんと、Johannes Huber-Pockさんが2006年から4代目として受け継いでいます。そんな歴史あるお店の中でも、最大の魅力は、王宮からの依頼でつくる印刷物類。一般向けにもカスタムできるカード類や名刺、結婚式の招待状も、ニーズに合わせてオーダーができます。さらには、オットーワーグナーやジークムントフロイトなどをイメージしてつくったノートもオフィシャルで販売している由緒正しきお店。オリジナルの名刺など作ってみても良いかも!?

　地元の人は、日本の和紙も購入することが多いそうです。

# die werkbank

ディー ヴェルクバンク

MAP p160-14

Breitegasse 1,1070 Wien　Wed-Fri, 13:00-18:30
Sat, 11:00-17:00　https://www.werkbank.cc/　+43 6 505 248 136

左/ MQの真裏に位置するお店。外にあるベンチは、なんと昔のスキー板でできています！ 右上/ オリジナリティ溢れる雑貨の数々。右下/ ウィーンの街をグラフィカルにしたカードとノート。

## お父さんのアトリエだった場所

　オーナーは、Katharina(カタリーナ)さん。若いデザイナーがつくる作品の展示や販売をするお店であるがゆえ、自らのお店をたくさんの有名ブランドに隠れた小さな鳥のようだと紹介しています。店名は、大工だったお父さんの仕事場に使われていた場所を受け継いでいることを意味して、「ワークベンチ」と名付け、扱っている商品は雑貨をメインにアイデア満載のユニークな商品ばかり。それらは、限定生産だったり特別なものだったりするものも多く、例えば、古いスキー板を使ってつくられた家具などはインパクトがありとても斬新。扱う作家さんは個人的にも知り合いだそうで、たまに会っては、考え方や想いを話したりするのだそう。物を売るための場所としてだけでなく、人と人を繋ぐプラットフォームの機能も果たしているのでしょう。

# Die Glasfabrik

ディー グラスファブリック

Felberstraße 3, 1150 Wien　Tue, 10:00-19:00　Wed-Fri, 14:00-19:00　Sat, 10:00-17:00
http://www.glasfabrik.at　+43 1 494 3490

## 使い捨て社会に対抗したいという想いがたくさん

　中心部から少しだけ離れたウェストバーンホフ駅。駅の裏手に倉庫をリノベしたビンテージショップがあります。運営するのは3人のアンティークディーラー、Christophさん、Marcusさん、Simonさん。ウィーンにあるアンティークやリサイクル品を扱う中でも1、2を争う大きなお店は、約2,500㎡の3フロアで構成されていて、主に18世紀から20世紀くらいの古いものを揃えています。これらの約9割は、引越しなどの理由で要らなくなって買い取ったものが多く、お店を見れば昔のウィーンの時代を肌で感じられます。また価格帯も幅広く1ユーロから10.000ユーロまで本当に様々。1990年代、国内はもちろん、海外からたくさんのバイヤーがウィーンに買い付けにきていたそうで、元々はそういったバイヤーのために開いたお店だったのだとか。そのため、あまり家賃も高くなかった中心地から離れたところに開いたのだそうですが、今ではこの辺りも人気が高くなってきていて、店内もお客さんで賑わっていました。昔懐かしいものや別世界を感じられるようなすごく古いものまであるここは、インスピレーションとイマジネーションの場所と言えます。多くはオーストリアかヨーロッパの国々の中で重要な役割を果たしていた時代のものですが、古臭いけど新しい発見がありそうでとてもワクワクしますよ。

19世紀や20世紀にあった家具を見たくなって、実際にその歴史ごと自分の家に欲しくなってしまうかも？そうなった時のために、ここがあるんだそうです。

A/ 普遍的なものからそうでないものまで、3フロアにギッシリ。至る所にたくさんのモノがあります。B/ スタビロ社のデッドストック鉛筆。昔のパッケージデザインは本当に秀逸。ステッドラー社のものもありました。C/ ピューターやシルバーの食器類も。D/ ファンシーなキャラクターは何か語りたそうです。E/ ハンドペイントのワイングラスはひとつ5ユーロ。この手のものは、比較的ここでは安いです。F/ 昔のゆたんぽ。湾曲しているので腰に当てたりするみたいです。すごい!!

5 Verschiedene schöne Gemischtwarengeschäfte

# WALL

ウォール

Westbahnstraße 5a,1070 Wien　Tue-Sat, 12:00-18:00
http://www.kaufhauswall.com/　+43 1 524 4728

左/ ベルリンの香水ブランド「AER」など、気鋭のデザイナーものなどがたくさん。右上/ デンマーク出身のデザイナーがつくる靴下。右下/ アーチ状のファサードが目を引くガラス張りの入口はとてもカッコいい！

## 最新トレンドから気鋭のデザイナーものまで

　オーナーのAndreas Peter Wallさんは、オーストリア北部で生まれ育ち、美容師の勉強をした後、20歳の時にウィーンに引っ越して来ました。そしてヘアサロン関連のプロジェクトに携わったあと、サロンとファッションが合体したお店をつくりました。当時は斬新で、馴染みのないデザイナーものを扱ったお店でした。現在は、よりファッションにフォーカスし、アパレルやジュエリー、アート本や写真集などデザイン性を重視したものを揃えています。まだヘアカットもやっているとのことですが、昔からのお客さんだけに限定しているそう。この流れを経て2014年にお店の名前も"WALL"に変更。実は、お母さんが"Kaufhaus Wall"というお店を昔から地元でやっていて、原点に戻るという意味も込めこの店名にしたのだそうです。

MAP p160-9

# S/GHT STORE

サイト ストア

Neubaugasse 46,1070 Wien   Mon-Fri, 11:00-19:00  Sat, 11:00-18:00
https://www.sight.at/   +43 6 991 225 6205

左/ 木と金属をつかった内装のデザインはクールな印象に。右上/ ウィーンのアートブックや歌舞伎の隈取フェイスパックも。右下/ サクラさんがいれば、もちろん日本語でのお買い物も可能！

## ファッションとアートを探求

　オーナーのVivien Sakura(ヴィヴィアン サクラ)さんは、オーストリア人のお父さんと日本人のお母さんを持つハーフ。SIGHTLINEという自身のブランドも展開していて、年2回、日本でも"For Example Showroom"という名前のショールームを開いています。お店の中で「小さな世界」を表現しようという想いがあり、様々な国で見つけたサクラさんのお気に入りを販売。自身が知り合ったデザイナーの商品も多く、店名も「目で見て選ばれたもの（"selected by sight"）」という意味にちなんでいます。主にヨーロッパ中心とはいえ、オーストリアのデザイナーはもちろん、ギリシャやデンマークの商品など、着やすく、カジュアルで、ちょっと「ひとひねり」したものもあるそうです。なんと日本の作業着が人気なのだとか！

# Copenhagen Hus

コペンハーゲン フース

Neubaugasse 57,1070 Wien　Tue-Fri, 11:00-18:00　Sat, 10:00-17:00
http://www.copenhagenhus.at/　+43 1 522 2827

左下/ 自分用にもギフト用にも、何かしら素敵なモノが見つけられそう！ 右/ デンマークのライフスタイルを紹介するために、何より生活を豊かに心地よくするための商品をたくさん扱っています。

## 洗練されたデンマーク家具と雑貨の世界

　デンマーク出身のEa Marie Jensenさんが、元々お店のあるノイバウガッセに、"Dotkind"というコペンハーゲンのベビー用品などを専門に取り扱うお店も経営していて、そこに来る多くのお客さんから、ライフスタイルグッズも取り扱って欲しいという声があり、Victoria Rupnikさんと共に2017年のクリスマスにオープンしました。デンマークでのライフスタイルに欠かせないのは、何と言ってもそのデザイン性。そしてずっと使えるもの。デンマークでは、"Hygge"という精神を大切にしていて、夏の夕方は友達とテラスで過ごしたり、冬にはふわふわのブランケットに包まりキャンドルを眺めたり。そういった文化もここでは紹介しています。ちなみにエアさんの旦那さんが経営している、Konobaというクロアチア料理が楽しめるレストランがすぐそばにあります。

# Designqvist

デザインクヴィスト

Westbahnstraße 21, 1070 Wien　Tue-Fri, 13:00-19:00　Sat, 11:00-17:00
https://www.designqvist.at　+43 6 805 047 000

左/ 動物柄のタペストリーはクロスステッチの年代物。右/ スカンジナビアンなカトラリーは豊富に揃っていてアレコレ迷いそう。決して大きなお店ではないですが、状態の良いものばかり！

## ウィーンで北欧雑貨を買い付け

　オーナーはSandra Nalepka（サンドラ ナレプカ）さんは、オーストリア人の父とスウェーデン人の母を持つハーフ。毎年夏やクリスマスなどの記念日には、サンドラさんのお母さんの地元であるスウェーデンの西海岸にある街で過ごしてきました。なので、バックグラウンドは常にスウェーデン文化があり、スウェーデン語も得意である彼女は翻訳の仕事もしていたそうです。その後、ヨーロッパのカルチャージャーナルをまとめるディレクターを経験したのち現在のショップをつくりました。場所柄、アーティストやデザイナー、建築家など近くに住む人たちがよく訪れ、ウィーンにいながらにして、北欧デザインに触れてみるのも良いかもしれませんね。特に、普段使うようなモノやテキスタイルにフォーカスして買い付けているそうです。

# Saint Charles Apothecary

セント チャールズ アポセカリー

Gumpendorfer Str. 30,1060 Wien　Mon-Fri, 8:00-19:00  Sat, 8:00-12:00
http://www.saint-charles.eu　+43 1 586 1363

## 伝統的なことと新しいこと

　自然派のドラッグストアというだけではなく、全身をケアできるように、伝統ある治療法をモダンな形でやっている薬局です。ここでは、オリジナル商品の生産方法も徹底していて、安心な原料を使うだけでなくヨーロッパの薬に対する先人の教えに基づいて、植物が持っている治癒力を利用し薬をつくっています。なにより、商品が大切にされ良質ということに加えて、身体にとっても環境にとっても「質」を上げてくれる良い薬だということ。オーナーのDaniela Praschさんは、代々薬局を受け継いできて現在6代目。元々ハーブが好きだったダニエラさんは身近にあるハーブが薬になったり、コスメになったり、食べられたりするのに大きな可能性を感じたそう。ここ数十年かけ「素材を生かす」ということを実現するために、たくさんの商品を生産しています。

　ある時は、ヨーロッパに残る昔ながらの薬ばかりを扱い、またある時はヨーロッパ初の薬局レストランやコスメ専門店などの活動をし、これまでの伝統的なことと新しいことの両方の経験が、現在のお店に繋がったのだそうです。そして、お店の看板商品でもあるエッセンシャルオイルを使ったハンドソープは、2005年に、オーストリアで鳥インフルエンザの流行がピークだった際、多くの人が良い薬を求めて薬局に押し寄せていた時期があり、ダニエラさんたちは、インフルエンザウイルスが「接触」によって簡単に移ってしまうということに着目し、強い殺菌成分の原料を使った自然に菌がなくなるような石けんをつくることを思い立ちます。そして、たくさんのハーブの効能を研究し、良い香りのする効果的なハンドソープをつくりあげました。伝統のあるレシピを利用しつつ、今の利用方法にあった商品がオススメだそう。"the crown princess Stefanie hand cream"（皇太子妃ステファニーのハンドクリーム）や、"Sissi's whey bath"（ジッシーのホエー入浴剤）、"the soap of Emperor Franz Josef"（フランツ・ヨセフ皇帝の石けん）などだそうです。

A/ 薬棚にオリジナルのケア商品がズラリ。B/ モットーは「量より質」。良い商品を良い関係の相手と取引することも理由のひとつだそうです。C,D/ 日本ではまだ販売されていません。

# raumkomplett

ラウムコンプレット

Theobaldgasse 20,1060 Wien　Mon, Wed-Fri, 11:00-18:30　Sat, 11:00-18:00
https://www.raumkomplett.at/en.html　+43 1 971 5011

左/ 天井も高く、ゆったりとした雰囲気です。特に商品についている成分表示にも注目です！ 右/ お店があるTheobaldgasse付近にはローカルなお店もたくさんあります。

### デザインとサスティナブルの融合

　ウィーン出身で建築家＆インテリアデザイナーでもあるDoris Ackerlさんは、2013年にラウムコンプレットを立ち上げ、2017年にお店をオープン。「メイド・イン・オーストリア」の雑貨や文房具をはじめ、家具からやインテリアグッズまで幅広く取り扱っているのですが、なんと、ウィーンではじめて、商品と一緒に「成分表示」を並べたお店でもあります。商品に興味を持ってくれたお客さんに、さらにその商品のストーリーを知ってもらえるようにしたかったのだそう。感動的でサスティナブルな新しいデザインを提供したいという想いから、様々なデザイナーと共に商品をつくっていて、常に新しい商品も探しているのだそう。また、社会活動の一環としてフリーターの若者や障がいのある人たちとつくった家具なども販売しています。

MAP p159-①

# PAPERBIRD.

ペイパーバード

Löwengasse 17,1030 Wien　Tue, 14:00-18:30　Wed-Fri, 13:00-18:30　Sat, 11:00-14:00
https://www.paperbird-papeterie.at　+43 6 641 104 190

左/ 店頭にあった折り鶴にメッセージが添えられています。中/ モノのつくりの細かなところまで見て商品をチョイス。右下/ 日本のブランド文具もたくさんありましたよ。

## シンプルな紙ものと雑貨のカワイイ文具店

　お店はラデツキープラッツに近い3区にあり、フンデルトヴァッサーハウスもこのエリアにあります。コンセプトは、「スタイリッシュであること」。シンプルなデザインの商品を扱っていて、そのほとんどが小さな工場でつくられているものが多く、主にはグリーティングカードや手製本のノート、そして天井に飾られた、たくさんの折り鶴やガーランドなど、お部屋のデコレーションに使えそうなものまで。全ての商品はデザインコンセプトを見て選んでいるそうです。オーナーのTeresa(テレサ)さんは、お店にあるミニマルで洗練された紙モノをお客さんへ届け、幸せになってもらうことが夢だといいます。ウィーンはもちろん、オーストリアでしか見ることがないような小さな会社がつくる商品を世界中に広げたいそうです。

Verschiedene schöne Gemischtwarengeschäfte

5

89

# Volta Vienna

フォルタ ヴィエナ

Siebensterngasse 28,1070 Wien　Mon-Fri, 10:00-18:30　Sat, 11:00-18:00
https://www.voltavienna.com　+43 6 509 701 159

MAP p160-12

左/ 長く使えるもの、プラスチック製ではなくフェアトレードなどのサスティナブルなものが多いです。右/ お店はMQの近くにあるので、市内観光の途中でも気軽に買い物が楽しめます。

## 長く使えるもの、そして普遍的なもの

　オーナーのNela(ネーラ)さんは2人のお子さんを持つお母さんで、グラフィックデザイナーとして、ラジオ局のPRやイベント企画などの仕事をしていたそう。6年前から仕事をしつつビジネスについて学びお店を開きました。今ではフォーブスマガジンでウィーンの中でベスト10のお店にも選ばれ、デザインの仕事は減らしているのだそう。現在はホテルのスタイリストなどの仕事もしているのだとか。ここでは、小さいけれど確立されたブランドを世界中から集められ、ミニマリストやこだわりのある人にとっても、買う価値のあるものを揃えているのだそうです。ハンドメイドのものや、少量しか生産できないもの、そして見たことのないデザインのものなどを多く取り揃えています。ちなみに、ここで購入したものは市内のホテルに無料でデリバリーもできるそう。

MAP p158-19

# Dekorative

デコラティフ

Margaretenstraße 125,1050 Wien　Sat, 11:00-15:00
http://dekorative.at/　+43 1 548 0211

左/ 小さなお店ですが、所狭しと並べられた雑貨の中には掘り出し物もたくさんありました。右/ 花器やポットはどれもお手頃価格。値段がついてないものもあるので、気軽に聞いてみて。

## 土曜日しか開いてない宝箱

　もともと北欧の50〜60年代のクラシックなデザインのものを集めることから始まったお店で、特にミッドセンチュリーなデザインは原点にもなっているそう。それに加えオーストリアのブランドでも有名なグラスのリーデルやモダンな真鍮雑貨ブランド、カールオーボックなどのビンテージも取り扱っています。特に、この年代につくられたものは質が良く、リユースやアップサイクルではなく、元に戻すことをコンセプトとしています。Mark Graninger（マーク グラインゲル）さんとAngelika Nemeth（アンゲリカ ネメス）さんの2人で切り盛り。マークさんはデザインの業界で20年以上働いていた人。一方アンゲリカさんは美術史を学び、デザインは元々好きだったのでお店で働くことは必然だったのかもと当時を振り返っていました。週に1日だけ、しかも4時間しかオープンしていないので気をつけて。

MAP p160 - 16

# FREITAG

フライターグ

Neubaugasse 26,1070 Wien　　Mon-Fri, 10:00-19:00　Sat, 10:00-18:00
https://www.freitag.ch/en/store/freitag-store-wien　　+43 1 523 3136

左/ カラフルな色のパソコンケース。留め具もタープでつくられています。左下/ アパレルラインはメンズ・レディースそれぞれあります。右/ 積み上げられたバッグは同じものが無いので、迷いそう。

## もはや説明不要のメッセンジャーバッグ

　スイスに本拠を置くフライターグ。ここウィーンにもショップがあります。ヨーロッパ中を駆け巡ったトラックの荷台に付いている幌（タープ）、廃棄された自転車のタイヤチューブ、そして車のシートベルトを使ってつくられたメッセンジャーバッグは、色柄など、どれひとつとして同じものはなく、フライターグが独自に製作したオリジナルの商品棚「V30 FREITAG skid」の引き出しに整然と並べられています。また、2014年の秋から発売を始めたアパレルレーベル、"F-ABRIC"も取り扱っています。亜麻と麻でつくられ、土に埋めれば完全分解されます。これは本国でも話題になったそうです。独自に開発した靱皮繊維の生地で肌触りはとても良い感じです。本社から2,500キロ以内で最小限の資源を使用して生産されています。

# Joh.Springer's Erben

ジョー スプリンガーズ エアベン

Weihburggasse 27, 1010 Wien　Mon-Fri, 9:30-18:30  Sat, 10:00-17:00
http://www.springer-vienna.com　+43 1 512 7732

左/ 可愛らしい野鳥が刺繍されたクッションなども。右/ 巨大な剥製がお出迎えしてくれます。

### 本物の世界、本物ばかり

　市内の中心地にある老舗ハンティングショップ、ジョー・スプリンガー。創業はなんと1836年。オーストリアでは日常的に山へハンティングをしに行く人が多いのだそう。ここではヨーロッパ各国のハンティングウェアをはじめ、専用のグッズはもちろん、ずらりと並んだライフルやナイフなども販売しています。壁面や柱、そこかしこに動物の剥製が飾ってあり、その雰囲気からもハンティングファッションの見方が変わります。アウトドアウェア以上に機能もデザインも兼ね備え、カッコイイです。ここは、日本でいう伝統文化を伝える為のお店なのかもしれません。8代目のオーナーでもあるモニカさんは女性ですが、趣味はもちろんハンティング。男女関係なく、古くから伝わるオーストリア文化を肌で感じられるお店です。

# MAK DESIGN SHOP

MAK デザインショップ

Stubenring 5,1010 Wien　　Tue, 10:00-22:00
Wed-Sun, 10:00-18:00　https://www.makdesignshop.at　+43 1 711 36228

左/ 企画展の開催に合わせてつくっているグッズは限定で販売。毎回人気があるそうです。右/ 扱うものはどれも洗練されたデザイン。フライターグも扱ってます。そして、奥の扉を出るとレストランに繋がります。

## キラリと光るデザイングッズの宝庫

　ウィーン応用美術博物館に隣接するミュージアムショップ。洗練されたデザイン雑貨はもちろん、アーティストの作品、ポスターやカード、ジュエリーやアパレルなど、特にユニークなプレゼントを探している人にはうってつけ。個人的にも必ず立ち寄るお店で、MAK限定のものも販売しています。自社印刷のラッピングペーパーで包装をしてくれるサービスがあるのですが、それがとっても素敵なのです。美術館は有料ですが、ショップは入場料がかからないので、見るだけでも楽しめます。また、隣のレストランはp102でも紹介したレストランなので、こことセットで行くのがオススメです。

　日曜日も営業しているので、お土産を買い忘れてもここで調達できます。

MAP p160-6

# Purple Cave

パープルケイブ

Neubaugassse 78,1070 Wien　　Mon-Sat, 10:00-19:00
http://www.purplecave.com　　+43 6 767 676 869

左下/ 店名の通り外観は淡いパステル調のパープル。通りからも視認性抜群。右/ 店内のビンテージ感はウィーンにいることを忘れそう。

## ウィーンで古着探し

　50年代〜60年代のビンテージを主にセレクトの中心にしている古着店。1999年からオープンしていて地元はもちろんドイツ、イタリア、イギリスからも買い付けてくるそうです。オーナー自らフォトグラファーとしても活動し、店内では50'sをイメージしたポストカードやポスターなども販売。それらに合わせたビンテージ雑貨もたくさんあります。ショップ奥には小さな部屋があり、フォトスタジオとしても貸出しているそう。オーナーはOliver(オリバー)さん。10代の頃からファッションと音楽が大好きで、いわゆる不要になった"second hand"（古着）ではなく、新しいもののように使える古着を自らセレクトしています。ブラウスやジャケットなどはもちろん、年代物のトラベルバッグは30ユーロ前後。ちょっと変わったところでは、ビンテージの傘などもありました。

MAP p160 - 11

# SONNENTOR

ゾネントア

Neubaugasse 29,1070 Wien　　Mon-Fri, 9:30-18:30　Sat, 10:00-17:00
https://www.sonnentor.com/en-gb　　+43 1 522 2170

日本ではあまり見かけないBIOコーヒーも販売しています。紅茶は選べないくらいたくさんの種類があるので、ウィーン限定がオススメ。

## 自然と共に生きること。地球にやさしい育て方

　ゾネントアは、オーガニック食材のパイオニアとして人気のお店。1988年にオーストリア南東部にあるWaldviertel(ヴァルトフィアテル)に初めての店舗をオープンし、以来30年以上にわたりハーブをはじめとしたスパイス、紅茶、そしてコーヒーなどオリジナル商品を販売しています。パッケージにプラスチックを使っていなかったり、パーム油を使わない商品を販売したり、オーガニック農家と直接取引するなど、環境への配慮も欠かしません。また、2008年よりフランチャイズ店舗もオープン。今ではオーストリアのみならず、ドイツやチェコ各地でも展開しています。オーナーはJohannes Gutmann(ヨハネス グットマン)さん。ゾネントアを始めたのは23歳頃、自らが育てたハーブを各地のファーマーズマーケットに売り歩いたのが始まりだそうです。

外袋も様々な色でカワイイです

ティーバッグは環境に優しい無漂白のリサイクルペーパーを使用し、糸もオーガニックコットン。最近はほとんどのブランドがホチキス止めもしていませんし、外装もリサイクルペーパーや分解可能なセロファン素材を使用しています。カラフルなのもゾネントアらしいです。

# 6 Köstliche Mahlzeiten und Caffè

美味しいご飯とカフェ

このレストラン1番のゴー
ルドに輝く部屋。天井には、
サイズの異なる角材が無数
に広がっています。

6

Köstliche Mahlzeiten und Caffè

# ULRICH

ウルリッヒ

St.Ulrichsplatz 1,1070 Wien　Mon-Fri 7:30-02:00　Sat-Sun, Holiday 9:00-02:00
https://www.ulrichwien.at　+43 1 961 2782

### 素材にこだわる大人気レストラン

　オーナーは約20年にも渡りレストランビジネスをしていた人。ウィーンにあるトラディショナルなレストランに飽きていた頃、自分が行きたいお店として2013年にウルリッヒをつくったそう。デトックスやオーガニックのものを料理に取り入れ、出来るだけ地域の素材に限定して仕入れています。お店のパンはヨーゼフ・ブロートのもの。ヨーゼフのオーナーとは15年前からの友達なのだそう。ウィーンで感度の高い人たちはみんな繋がっているのですね！また、食べ物だけでなく、居心地の良いインテリアや雰囲気も提供したいのだと言います。オーストリア料理にこだわらず、月1でメニューを変え旬の野菜などが並びます。ニューヨークタイムズにも取り上げられた事があるというお店は、予約しないとブッキングできないほど大人気。地元の人たちにも愛され、もちろんツーリストも大歓迎な素敵レストランです。

A/ 斬新な見た目のデトックスジュース。手前は3種のディップソースが美味しいおつまみ。B/ マグに入った可愛いポテトフライ。C/ オリジナルのハウスワイン。D/ 外のテラスでも食事ができます。E/ 黒キヌア、ケール、ビーツ、フライしたサツマイモチップスのサラダは定番です。

左/ こちらはERICH。ウルリッヒから歩いて1分のところにある系列店。素敵な教会を挟んだ裏側にあります。右/ 入ったところにはバーカウンターがあり、かなりの種類のカクテルも飲めます。また、タコスやサンドウィッチなどの食事もできます。

6 Köstliche Mahlzeiten und Caffè

101

# Salonplafond

サロンプラフォン

Stubenring 5, 1010 Wien　Mon-Thu&Sun, 10:00-24:00　Fri-Sat, 10:00-01:00
https://www.salonplafond.wien　+43 1 226 0046

### 美術館の中のモダンレストラン

　リング通りにあるオーストリア応用美術博物館（MAK）の中にあり、ウィーンの伝統とモダンテイストを融合したレストランは、すこぶるオシャレ！ウィーンの建築家、Michael Embacher（ミヒャエル エンバッハー）さんがデザインした、まさに王宮の中のモダンレストランと言っても過言ではないくらい素敵なところです。中庭は芝生が敷かれ、アウトドアバーとラウンジも併設。料理は季節ごとに旬の素材を使ってつくられていて、「ラブショック」と名付けられたメニューもあるなど、とっても斬新。そして、店内には650点以上ものアート作品が飾られています。それらをセレクトしたのは、イギリスのギャラリーオーナー、Nicholas Treadwell（ニコラス トレッドウェル）さん。どこの席に座っても、インパクトのある作品ばかりが目に入ってきます。MAKの展示に合わせて飾ってある作品も多数あり、ハンドクラフトの家具やアート作品など、実際に購入することもできるそう。バーカウンターの上にも奇抜なアート作品があったりするオシャレスポットには、子供からお年寄りまでたくさんの人がいました。またMAKの隣にあるというロケーションから、ツーリストも多く来ていました。

右/ 昼間のライトアップでも印象的なウインドウにもアート作品が。企画展ごとに作品も入れ替わるそう。

A/ 中央にあるカウンターバーが超インパクト大！天井も高く開放感のあるソファでゆったり。深夜1時までやっているので、ぜひ素敵なバー体験を！ B/ 分厚いトーストにハムがはみ出るほど入った自慢のクロックマダム（15ユーロ）。これは写真映えします！ C/ 見るからに重たそうな木製扉のファサードが目印。D/ 大きめのテーブル席がいくつか。ソファ席と違って、デザインチックです。MAKのデザインショップにも通じる入口も。

6 Köstliche Mahlzeiten und Caffè

103

# GOLD FISCH

ゴールド フィッシュ

Lerchenfelderstraße 16, 1080 Wien  Tue-Fri, 10:30-22:00 (kitchen:12:00-14:30 and 18:00-21:00)
Sat, 9:30-13:00 (Kitchen:10:30-)　　http://www.goldfisch.wien/cms/　　+43 6 642 549 596

### ウィーンで魚料理はちょっと意外!?

　ゴールド フィッシュはMQからも歩いて行ける8区にあり、オーナーは、魚屋さんを担当しているPetra(ペトラ)さんと、レストランのメインシェフであるSebastian(セバスチャン)さんのカップルが経営しています。ここでは、自宅で調理するための「魚屋」的な買い方もできるし、レストランでランチやディナーを楽しむこともできます。お客さん自身でチョイスできるお店にしたかったのだそう。およそ25席ほどの小さなレストランですが、内装はとってもデザインチック。店名のロゴマークなどもゴールドで目立ちます。そもそもオーストリア、特にウィーンには質の良い魚屋さんがあまりなかったことに気づき、それなら自分たちで始めようということでスタートしたそうですが、巷ではウィーンで一番の魚料理や牡蠣が美味しい店として評判になりました。そんな素敵なお店を訪れる人たちのほとんどが、近くに住んでいるか、働いている人だとか。まだまだツーリストには知られていないレストランかもしれませんが、フラッと立ち寄って入れるのはランチ時くらいで、夜は予約必至。伝統的なウィーン料理に飽きた時、ちょっとオシャレして行きたいお店かもしれません。

A/ サーブされる料理の盛り付けが素敵すぎ。サーモンのリゾット（15ユーロ）と白身魚のプレート（12.8ユーロ）。付け合わせのスープも美味しい。B/ 店内には鮮魚が入ったガラスケース。奥にはオープンキッチン。そして、客席はモダンな家具で統一されています。C/ イラストが可愛いサルディーンの缶詰。お土産にも良さそう！D/ 自然光がたっぷり入る明るい空間にずらりと並んだワイン棚。ヴァン・ナチュールも豊富に揃っています。E/ 鮮度の良いシーフードをオーナー自ら仕入れて来ています。フィッシュスープも人気です。

6 Köstliche Mahlzeiten und Caffè

105

# BRUDER

ブリューダー

Windmühlgasse 20, 1060 Wien　　Wed-Sat, 17:00-01:00
https://www.bruder.xyz　　+43 6 641 351 320

**何度も訪れたくなる場所**

　コミュニティや人との関わり、料理に使う素材やその素材が持つ背景を大切にすること。そして、おいしい料理を提供するのと同時に、訪れやすい雰囲気の空間にしたいという想いが詰まったレストランの看板メニューは、グーラッシュというオーストリアやハンガリーのクラシック料理。より伝統的なレシピに近づけるため、カタツムリも使っているとか。もうひとつの人気料理は、ホームメイドソーセージにザウアークラウト（塩漬けのキャベツ）とトマトマッシュを組み合わせた一皿。シンプルなだけではなくホームメイドということにこだわってつくっています。一方、飲み物にも料理と同じくらいこだわっていて、既製品のお酒を使ったドリンクだけを提供するのではなく、自家製のヴェルムトをナチュラルワインと混ぜたり、上にのせる飾りも食べられるものだったり。常に新しい飲み物を試行錯誤しながらつくり出しています。

下/ 手前はマッシュルームのソテーとグリーンピースが入ったライスで、奥は白身魚の半生グリルとベジタブルコンソメスープ。右/ 漬け込まれた無数のリキュールは、ここのオススメでもあります。

MAP p160・13

# CORBACI

コルバチ

Museumplatz 1,1070 Wien　Mon-Sat, 11:00-24:00　Sun&Holiday, 11:00-23:00
https://corbaci.at/　+43 6 647 363 0036

## オリエンタルな雰囲気は異国情緒たっぷり

　フランス人建築家、Anne Lacaton（アンヌ ラカトン）さんとJean Philippe Vassal（ジャン フィリップ ヴァッサル）さんによって手がけられたカフェ。天井のタイルが象徴的で、ウィーン在住のトルコ人のアーティスト、Asiye Kolbai-Kafalier（アジエ コルバイ カファリエ）さんが2人の建築家とコラボし、この建物のためだけにオリジナルのタイルの柄をデザインしたそうです。使用されているタイルはすべてイスタンブールで手作りされ、店内奥には、むき出しのコンクリートブロックでできた壁が立っていて、厨房と客席の仕切りになっています。実はそれもデザインのひとつで、中庭からのぞいた時に、コンクリートの壁が透明に見え、タイルのアーチがずっと続いているように見せるためなのだとか。建物の大部分がガラス張りになっているおかげで、自然光もたっぷり入りとても明るいカフェレストランです。

左/ 定番のオリジナルカレーはスパイスが効いていてとても美味しい。右/ MQの中庭につながっているため開放感バッチリで見上げればオリエンタル。ウィーンにいることを忘れさせる素敵カフェ。

MAP p160-12

# Stilbruch Restaurant

スティルブルッチ レストラン

Gurmpendorferstraße 16/1, 1060 Wien   Mon, Wed, Thu, Fri, 8:30-13:30 & 17:00-23:00
Sat, 9:00-24:00  Sun, Holiday, 9:00-17:00   http://stilbruch.restaurant/   +43 1 996 9999

**コンセプトのないレストラン。それがお店のコンセプト**

　老舗のカフェ、シュペールの斜め向かいにあるモダンデザインなレストラン。エリア的にも、たくさんのお店が点在する場所にあり、ここのレストランはいつも賑やか。ダッチベイビーと名付けられたダッチパンケーキや、ファラフェルクロワッサンなど、どれも原料にこだわり丁寧につくられています。ウィーンのレストランやカフェは朝から営業しているところが多く、ここでも美味しい朝食が昼過ぎまで食べられます。つくる人は愛情を込めて、食べる人はそれを最大限に感じて楽しむ。美味しい料理だけじゃなく、スイーツも注目です。

左下/ 手前からファラフェルクロワッサン（5.8ユーロ）、キヌアサラダ（12.5ユーロ）ダッチベイビーと名付けられたいちごとアールグレーアイスのパンケーキ（7.2ユーロ）。

108

MAP p159-10

# MIR

ミア

Schleifmühlgasse 21, 1040 Wien    Mon-Sun, 11:00-24:00
http://mir.wien/    +43 1 890 3648

**オリエンタルフードを食べたい時に**

　市内にはウィーン料理ではないレストランも数多く、ここではオリエンタルな料理が食べられます。メニューにはケバブやお肉もありますが、ベジタリアンやビーガン料理もいくつかあるので、好きな人には良いかもしれません。約3年前にオープンしたここは、セセッションからも徒歩圏内という立地。周りにも老舗のカフェやブティックなどが建ち並びます。外観は落ち着いた雰囲気のグレー、店内は白とオリエンタルブルーのコントラストでさらに印象的。店名のMIRとは「私に」と言う意味。フレンドリーな接客もグッド！

左下/ インパクトのあるハンバーガー。フムスや魚料理、トルコやリスボンからも食材を仕入れているそうです。右下/ 向かって右にセセッションがあります。

6 Köstliche Mahlzeiten und Caffè

109

# DAS CAMPUS

ダス キャンパス

Welthandelsplatz 1, 1020 Wien　Mon-Fri, 11:00-24:00　Sat, 9:00-24:00　Sun&Holiday, 10:00-18:00　https://www.dascampus.at　+43 1 729 7420　＊ウィーン経済大学内

### インダストリアルビンテージなカフェ

　オーナーは、Philipp Kucher（フィリップ クヘル）さん。3人のお子さんがいるお父さんでもあるのですが、2002年から広告代理店でも仕事をしていて、2013年にここダス キャンパスをオープンしました。ここはウィーン経済大学の中にあるカフェなのですが、大学ではなく、フィリップさんの会社が運営しています。キャンパスの中にこんなカッコいいカフェがあるなんて羨ましい。場所柄、学生が多いのかと思いきや、近隣にすむ人たちも大勢来るそうです。ハンバーガーから、パスタやキッシュ、そしてクラシックなオーストリア料理などインターナショナルなソウルフードも多いようです。また、日曜日にはブッフェもあるそうで、その時は予約しないと入れないとか。2018年には、DAS GLASHAUSという姉妹店もできたので、そちらにもぜひどうぞ。

A/ ミーティングルーム的な小部屋から、大きなテーブル席まで圧倒的な席数を誇ります。ここには写真がありませんが、トイレの内装もインダストリアルな感じ。B/ キャンパスバーガーと名付けられたシンプルなクラシックバーガー（12.90ユーロ）。C/ 柑橘系のオリジナルドリンクも充実の品揃え（3.20ユーロ〜）。D/ ソファー席もあり子供づれでも大丈夫。

6 Köstliche Mahlzeiten und Caffè

MAP p159 2

# KLYO

クリオ

Uraniastraße 1,1010 Wien　Mon-Sun, 9:00-01:00
https://www.klyo.at/　+43 1 710 5946

## ドナウ運河沿いにある超絶おしゃれレストラン

　オーナーは、Manfred Pschaid（マンフレッド プシャイド）さん。約1年半前にクリオを、ビジネスパートナーであるAndreas Nigitz（アンドレアス ニギッツ）さんとオープンしました。マンフレッドさんは、イベント・マーケティング会社のオーナーでもあり、世界的にも有名なクライアントがウィーンで大きなイベントをやる際の運営もしているイケメン敏腕社長。そんな多忙な毎日を送る中、これまで国内外のたくさんのレストランに足を運び、ウィーンで身体にも良くモダンで素敵なレストランをつくりたいと思っていたそうです。もともとオーストリア南部の農場で生まれ育ったこともあり、食材はオーストリア中の農園から仕入れた新鮮なものを使用。ヘルシーな朝食が人気のお店ですが、それを1日中食べられることもウィーンでは珍しく、ここに人が集まる理由にもなっています。また、お店から見えるドナウ運河やプラーター公園にある大観覧車の景色も良く、屋上のテラスからも楽しむことができるのが最大の魅力かもしれません。ヴィーガンやベジタリアン、そしてグルテンフリーのメニューもあり、全てのメニューに、タンパク質量も記載してあり、健康を気にする人のことも考えられています。

　店名の「KLYO」とは、ギリシャ神話に出てくるゼウスとムネモシュネの娘の1人。このレストランが入っている建物は「ウラニア」と呼ばれていて、それはムーサと呼ばれる女神の1人でクリオの姉妹でもあります。古くて有名な建物を使い、歴史を大切にしながら新しいストーリーをつくっていきたいという想いが店名にもあり、この由来にちなんで、星や宇宙に関する小物も飾られています。

A/ 店で使われているコーヒーカップやお皿は、陶芸家であるマンフレッドさんのいとこがつくっています。朝食でも出しているアボカドマッシュの上にポーチドエッグが乗ったパン（9.2ユーロ）。B/ ドナウの波と植物、そして星や月などがモチーフになっている壁面が素敵。C,D/ ドナウ運河のテラス。店内は細長く川沿いにあります。E/ 12の星座に合わせたスペシャルなカクテルも。

112

6 Köstliche Mahlzeiten und Caffè

113

MAP p160・21

# The Brickmakers Pub & Kitchen

ザ ブリックメーカーズ パブ & キッチン

Zieglergasse 42,1070 Wien　Mon-Wed, 16:00-01:00　Thu-Fri, 16:00-02:00
Sat, 10:00-02:00　Sun, 10:00-01:00　https://www.brickmakers.at　+43 1 997 4414

**ウィーンでアメリカンスタイルの食事を**

　30種類以上のタップビールと150種類ものクラフトビールやサイダー、そして、カクテルやスピリッツを提供するBBQレストラン。2015年には、BBQレストランとして、世界ではじめて、「ゴー・ミヨ」（Gault Millau Haube）を受賞。オーナーであるBrian Patton（ブライアン パットン）さんと、2人のシェフ、Petr Matusny（マツズニー）さんとChristian Petz（クリスチャン ペッツ）の3人がテキサス州を旅して、一番美味しいBBQ店を探し回った時の経験をもとにお店づくりを考えたそうです。今ではクラフトビール目当てに、たくさんの人が来る人気店に。店一推しのエッグベネディクトとハンバーガーは絶品です。

左下/ 店内では、ファンク、ソウル、ヒップホップ、ディスコ音楽など、週替わりのDJがプレイしています。

# Miranda Bar

ミランダ バー

Esterhazygasse 12, 1060 Wien　Mon-Thu, 18:00-02:00　Fri-Sat, 18:00-03:00
http://www.mirandabar.com/　+43 1 952 8794

## トロピカルモダニズムへのオマージュ

　道に沿うように開けた外観に内装はパステルカラーの緑、ピンク、ブルーや黄色。近年盛り上がりを見せ、近所同士のコミュニティも深い Esterházygasse 沿いにあるお店です。中に入れば巨大な緑色の御影石のバーカウンターに圧倒されます。キッチンにも見えるようにもしたかったのだというカウンターはスタイリッシュ。60年代のリオデジャネイロや80年代のマイアミなどに見られた、はっきりした線と明るい色が混在し、独特な雰囲気をつくっていますが、ここのシンボルにしたかった訳ではなく演出のひとつです。トロピカルな雰囲気をほのめかしつつもウィーンにしっかりと根付くように考えられたデザインです。ちなみに、ここのガーデンは、となりの Kuishimbo という日本食レストランのテラスとつながっているので、和食に恋しくなったらぜひ。

クラシックな飲み物をアレンジした他にはないようなものばかり。シロップなどは手作りで、カクテルに入っているジュースはフレッシュなものだけを使用しているため、季節限定のものも多いそうです。

# Pöhl & Mayr am Kutschkermarkt

ポール&マイヤー アム クチカー マルクト

Kutschkergasse 31, 1180 Wien　Tue-Fri, 8:00-19:00　Sat, 8:00-15:00
http://www.kaesestand.at/　+43 1 402 9874　＊トラム 40、41 Kutchkergasse 下車。目の前

### 地元の人たちに愛される地元の人達のための総菜店

　オーナーであるInes Mayr（イネス マイヤー）さんと夫のFlorian（フロリアン）さんは、クチカー（ウィーンにある野外市場）の中にあるデリカテッセンの販売と、ガストロノミーのスタンドを経営していたIrene Pöhl（イレーネ ポール）さんのビジネスを受け継ぎました。元々イネスさんは、マーケティングのスペシャリスト。フロリアンさんはウィーンにあるレストランバーを経営していました。2人で一緒に働ける場所を考えていたちょうどその頃、たまたま知り合いからクチカーマルクトにある店が後継ぎを探していると聞き、2人とこの店が繋がるキッカケになったそうです。今ではこの近所に住む人達が集うお店になっています。ここでは、こだわりのチーズやパンなどの他、海外の食材もありますが、最近はできるだけ地元でつくられたものを揃えたいと考えているそうです。アンティパストやスプレッドも自家製。この辺りは観光地でもなく、なかなか訪れないローカルなマーケットですが、地元に暮らす人達に交ざってカフェで一休みするのも良いかもしれません。

左/ カフェラテとチョコレートケーキ。手作りです。中/ サラミの種類も豊富に揃っています。右/ そしてチーズも。かなり安いので、持って帰ってホテルでつまんでも良いかもですね。

対面式の割には大きなお店ですが、パンも置いてあるので惣菜を挟んで食べても美味しそう。
キッチンのあるホテルに滞在していたら間違いなく買って帰りますね。

# ELEFANT & CASTLE

エレファント & キャッスル

Neubaugasse 45,1070 Wien　Mon-Fri, 11:00-18:00
https://www.elefantcastle.at　+43 6 991 920 8459

### インドの料理文化に触発されたカレー店

　ノイバウガッセにある人気のインドカレー店。ランチ時には、ひっきりなしにやってくる近隣で働く人達。そのほとんどがテイクアウトです。店内外にも座るところはありますが、座席数が少ないので近所の公園などで食べるのが良さそう。市場の新鮮な野菜や農家の上質なお肉と自慢の自家製ルーを使ってつくられています。ウィークリーで替わるカレーはバスマティライスと相性バッチリ。小さなカウンターの奥にオープンキッチンがあり、スパイスの香りが食欲をさらにそそります。女性に人気のハーフサイズもあるので、小腹が空いた時でも良いかもしれません。旅をしていると、とにかく時間が足りなくなるので、クイックに食事を済ませたいけど、美味しいものが食べたい……そんな時は確実に重宝します！

ベースは同じで、ビーフかチキンかベジタリアンが選べます。価格はだいたい8ユーロ前後。ハーフサイズは5ユーロ前後。でも普通のサイズでもペロッと食べられます。

MAP p159-8

# Julius Meinl am Graben

ユリウス マインル アム グラーベン

Graben 19,1010 WIEN　　Mon-Fri, 8:00-19:30 Sat, 9:00-18:00
http://www.meinlamgraben.at　　+43 1 532 3334

**オーストリア土産はここで全て揃います**

　ユリウス マインル アム グラーベンは、1862年に創業。以来マイン一家が5世代に渡って受け継いできたお店。まさにウィーンの中心にあり、オーストリアで初めて世界中の食材を集めたデリカテッセンです。今では100ヶ国以上、約17,000種類の食材を揃えていて、オーストリア中のグルメな人々が集まるお店となりました。Julius Meinlという名前には、「伝統的な」「おおらかな」「良質な」「プロフェッショナルな」といった意味を込めているのだそう。常に良質で新しいものを探している食のトレンド発信地です。

左/ PB商品にはユリウス君のマークが。右/ 大聖堂からまっすぐ突き当たりがお店。下/ それぞれの商品棚の前には、各国の国旗表示もあり、オーストリアのお土産は必ず見つかります。

# 7 Brot, Kaffee und Dessert

パンとコーヒーとスイーツも

グラッガー & シー ホルツ オーフェンベッカライでは大きなオーブンから出てきた瞬間、パンの香りが店内に広がります。なんと言っても縦に差し込まれたパンにびっくり。

# Gragger & Cie Holzofenbäckerei

グラッガー ＆ シー ホルツォーフェンベッカライ

Spiegelgasse 23, 1010, Wien　Mon-Fri, 8:00-19:00 Sat, 8:00-18:00
https://www.gragger.at　+43 1 513 0555

**自然と寄り添いながらつくるオーガニックベーカリー**

　Helmut Graggerさんは、ヴォルフガング湖のほとりにあるシュトローブルという町の小さなベーカリーで、パン職人とパティシエとしての修行をし数年かけて職人になり、その後さまざまな国をまわり色々なベーカリーで働きました。最終的には、外資系の食品会社で働くこととなり、そこでの経験が独立への決意に至ります。1997年にリンツの近くのアンスフェルデンという町で、自らのベーカリーを立ち上げ、原始的なやり方でパンを焼き始めます。ヘルムートさんのパンは、はじめのうちは近所やリンツにあったお店で売られ、その後ウィーンで週末に開かれるマーケットでも販売されるように。そして、2010年にウィーンの中心地に路面店をオープン、2015年にはフォルガルテンマルクトにパンのショールームをイメージしたお店もオープン。現在はベルリンにもお店があります。

　パンを通してお客さんを笑顔にする魔法をかけること、それが叶えば良いなと思っているそう。だからこそつくるときは、楽しむけれど同時に責任感も伴うと。ヘルムートさんのつくるパンには色々な想いが詰まっていました。

左/ ガラスケースには様々な種類のパンがあり、棚には焼きあがった大きなサイズのパンも。右/ 有機のパンはシンプルなものからナッツが入ったものまで。とても人気があるそうです。

ビオブレートはとても芳醇な香り。店内では、常にオーブンが稼働して美味しいパンを焼いています。
パンを一口食べれば夢中になって、他のことも忘れてしまう、そんなごちそうをつくりたいそうです。

# Martin Auer

マーチン アウアー

Plankengasse 1, 1010 Wien   Mon-Fri, 8:30-18:00  Sat, 9:00-16:30
https://www.martinauer.at/   +43 1 512 5852

## 伝統を受け継ぐ超老舗ベーカリー

　オーナーのMartinさんは、なんと小麦アレルギー。特にライ麦。パン屋をやっているのに小麦アレルギーとはビックリ。でもパンが大好きなんですね。2011年にお父さんの事業を継いで、マーチン アウアーの3代目オーナーとなりました。マーチン アウアーのグラーツ（オーストリア南部の都市）にある本店では、1688年からパンをつくっているそう。現在はグラーツに26店舗、クラーゲンフルトとウィーンにそれぞれ1店舗ずつあり、その技術や知識を広めたいという想いを毎日少しずつ実現していく、というのが目標であり挑戦でもあるそうです。ウィーンの店舗はかなり小さめですが、とても人気があるので、売り切れてしまうこともしばしば。オーガニックブレッドはすべてグラーツの工場で手作りされているものです。また、オリジナルのジャムなどもつくられているので、お土産にも良さそうですよ。

左/ ビスコッティやハチミツはお土産にも喜ばれそう。右/ グラーツの工場からウィーンに運ばれてくるオーガニックブレッドには、「BIO」マークが付いています。

全てがオーガニックブレッド。かなり大きめのサイズにびっくりします。僕は持って帰りましたが…

お店は通りから路地に入ったところに小さく構えています。店名のサインがかっこいいです。

# Kaffemik

カフェミック

Zollergasse 5, 1070 Wien　Mon-Fri, 8:00-18:00　Sat, 10:00-18:00
Sun&Holiday, 12:00-17:00　https://www.kaffemik.at

左/ 幾何学的な模様のタイルが目を惹くカウンターは、白い椅子とのコントラストが素敵。中/ カフェラテとシナモンロールは最強の組み合わせ。右/ その日のオススメが書いてあります。

### シンプルデザインのコーヒースタンド

　Kaffemikとは、グリーンランド語で、昔ながらの「コーヒーハウス」という意味があるのだそう。ハウスブレンドは、同じくウィーンで活動しているAlpha Coffeeというロースタリーにつくってもらい、2ヶ月ごとにその時々で一番良い豆を選び用意しています。お店は小さいながらも、地域密着のコーヒースタンドと言った感じで、早朝から仕事に行く前にフラッと立ち寄る人も多いです。コーヒー以外にも、日本製のポットや器具なども販売しており、中にはリサイクル素材のオリジナルタンブラーも。ちょっとしたパンやスイーツもあり、ここのシナモンロールは特に絶品です。ノイバウガッセ駅からも近く、この通り周辺にはファストフードのスタンドやレストランなどもあります。

# Wolfgang Coffee

ウォルフガング コーヒー

Zieglergasse 38, 1070 Wien　　Mon-Fri, 8:00-19:00　Sat, 11:00-18:00
http://www.wolfgangcoffee.at　　+43 6 502 200 380

ハウスブレンドのフィルターコーヒーはウィーンのSüssmund Kaffee。そして、ケーキはウィーンのMehlspeislaborのものがあります。オリジナルのマグやステッカーもかっこいい。

## 最高のコーヒーを届けてくれるスタンド

　QWSTION Storeというショップの一角にある小さなコーヒースタンド。定期的にコーヒーの種類を替え、ここへ来るお客さんを楽しませたいといいます。Leitwolfという名前のエスプレッソは、インスブルックからも近いドイツのGarmisch-Partenkirchen（ガルミッシュ パルテンキルヘン）という街のWildkaffeeというロースタリーから届けてもらっているそうです。オーナーのGianni Ciaccia（ジアンニ シアクシア）さんは、ルクセンブルクからウィーンに引っ越して来たそうで、質の良いスペシャリティーコーヒーを求めて来てくれるお客さんに、おいしいコーヒーを提供したいそうです。自身の店を持ちたいと考えていたところに、Qwstionが一緒にやらないかと誘ってくれ、2016年8月にオープンしました。

# The Pelican Coffee Company

ザ ペリカン コーヒー カンパニー

Pelikangasse 4, 1090 Wien　　Mon-Fri, 7:30-18:00　Sat, 10:00-17:00
https://www.thepelican.coffee

## 通りの名前と店名が同じコーヒーショップ

　オーナーは、Adam(アダム)さんとVedran(フェドラン)さん。もともとアダムさんはサービス業を7年間経験し1年間のニュージーランド滞在で、すっかりコーヒーに魅了されました。一方のフェドランさんは、ITの分野で働いていて、コーヒーは趣味として楽しんでいましたが、様々な国から来たコーヒー農園をやっている人たちと出会い、彼らの話を聞いているうちに、さらにコーヒー好きになったのだそう。なるべくサスティナブルでありたいため、農園や地元の小さな生産者から直接コーヒー豆を仕入れるようにしています。中でもメインは「スペシャリティコーヒー」。世界中から上質なコーヒー豆を選んで、季節ごとに異なるものやコラボレーションして焙煎しています。コーヒーはもちろんですが、ホットチョコレートや紅茶も全て丁寧にセレクトされたものが提供されています。苦手な人にはチョコ系ドリンクもおすすめ。場所柄学校も近いため学生も多いのだとか。天井が高く、お店の内装もかっこいいです！

左/ ハンドメイドのコーヒーカップも販売しています。こちらはブダペストでつくられています。
19.90ユーロと24.90ユーロ。右/ クロワッサンやパン・オ・ショコラも美味しい！

自家製のバナナケーキはしっとりした味わい。カフェオレとよく合います。

どんな人にも一番良い商品を手にとってもらえるようにと低価格で提供しています。

Brot, Kaffee und Dessert

MAP p160-23

# Jonas Reindl Coffee

ヨーナス レインドル コーヒー

Westbahnstraße 13, 1070 Wien　Mon-Fri, 7:30-20:00　Sat, 9:30-20:00　Sun, 10:30-18:00
http://www.jonasreindl.at/

### "from Bean to Cup" を実践しているお店

　オーナーのPhilip Feyerさんが、実際にニカラグア、ケニア、パナマ、グアテマラにあるコーヒー農園を訪ね直接取引をしています。また、他にはない味や香りを求めるため、農園には収穫量よりも種類を豊富に生産してもらっているのだそう。コーヒーの可能性を引き出すために、お店で焙煎し抽出しています。また、ちょっと店名が気になって聞いたところ、1号店の向かいにあったのが1961年に建設された市電のSchottentor駅であったことから、そのあだ名であるJonas Reindlからとったのだとか（なんでまた？）。駅の建設を指示した当時の市長でもあったFranz Jonasさんと、駅の形が空から見るとオーバル型のフライパンに見え、それをウィーン人は"Reindl"と呼ぶことから名付けたのだそう……面白いですね。

　ニューヨークやロンドン、テルアビブなど、世界のメジャー都市で生活していたというフィリップさん。店舗のデザインもそういった各都市にある人気店に負けず劣らずお洒落でかっこいいです。スタンプカードもあり、ウィーンでは珍しく日曜日も営業しています。

左/ 外観は濃紺がベースでシンプルなロゴマークも秀逸。右/ 店内はいつも人でいっぱい。アーチ状の天井に間接照明を使ったり、大きな鏡の壁面で奥行きを出したり、とても工夫がされています。

A/ 白木のカウンターがカッコいい！　ワンちゃんも可愛い!!　B/ ベリーが乗ったチョコレートケーキもパティシエがお店で焼いているもの。C/ ここで焙煎もしていて、良い香りです。

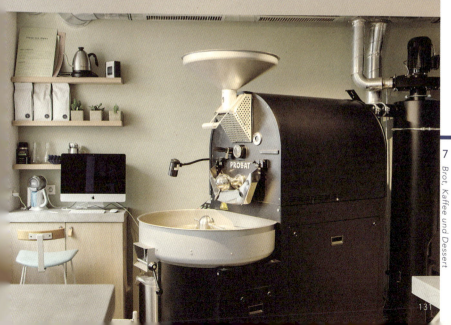

7 Brot, Kaffee und Dessert

131

MAP p159 4

# hiddenkitchen Park

ヒデンキッチン パーク

Invalidenstraße 19, 1030 Wien　Mon-Fri, 8:30-17:00　Sat, 9:00-14:00
http://www.hiddenkitchen.at　+43 1 971 6093

## テイクアウトして公園で食べたいランチ

　オーナーはJulia Kutasさん。元々は芸術品の管理や、美術史を勉強したのち、いくつかのウィーンの文化関連機関に勤めたあと、自身でケータリングキッチンの会社を設立。27歳の誕生日に、急いでいても健康で安心な食べ物を食べられるようにと、このお店をオープンしました。もともとアートに携わっていた背景から、「ホワイトキューブ」（展示スペースで真っ白な四角い内装）をイメージし、調理カウンターは真っ白。フリーマーケットなどで集めたというキッチンボウルが彩りのある料理とのコントラストを引き立たせています。また、料理はお客さんの前で用意され、視覚的な印象も大切にしているとのこと。見ることと、食べることは同じくらい大切で彩りも考えられてつくられ「これまでにないコンビネーション」が料理のテーマ。素材を最大限に生かすことが重要とされ、味を改造するのではなく、新しいものと組み合わせることでその素材の新たな可能性を生み出し、おいしさだけでなく、驚きも与えることを目指しているのだそう。全ての料理は店内奥のキッチンでつくられ、揚げ物はせず、新鮮な素材を焼くかローストするかで調理されます。また、来てくれるお客さんが出来合いのものを買うのではなく、ちょっとした時間でも十分な食事がつくれることを見せたいという想いもあるそう。

　定期的に変更されるメニューは、どれも他では見ることのないオリジナルのもので、栄養バランスも考えられ、様々なニーズに合わせています。これまで健康食というと茶色い暗めな印象だったので、オープンで清潔なイメージに変えたいという目的もあるそうです。

　シュタットパークのほぼ目の前、ここでテイクアウトして、天気の良い日は公園でランチしている人が多いそうです。

A/ 建物の立地を生かしたL字型のカウンター。B/ グルテンフリーのポレンタ（とうもろこし）のクリームチーズとアールグレーケーキ。チアシードとヒンベリーソースを使ったものなどスイーツは常時3種類くらい（3.3ユーロ）。C/ 外観も可愛く遠くからも目立ちます。

7 Brot, Kaffee und Dessert

# Brass Monkey

ブラス モンキー

Gumpendorfer straße 71, 1060 Wien　Mon-Fri, 7:30-19:30　Sat-Sun, 10:00-19:00
http://brassmonkeyvienna.com　+43 1 890 8335

左/ オススメは、ギリシャ風のアイスコーヒー（写真はカフェラテ！）。ティラミスは甘すぎずペロリ。左下/ 朝食はだいたい5種類から選べます。右/ ターコイズブルーの外観がとても目立つ！

## アテネのコーヒーと美味しいケーキに舌鼓

　オーナーはSpiros（スピロス）さんとAthina（アティーナ）さん。ギリシャのアテネから来た兄妹が運営するお店はウィーン市内に2店舗あります。元々2人は全く異なるバックグラウンドを持っていて、スピロスさんは物理学を専門にしていて、アティナさんは美術品の掘削エンジニアをしていました。そんな2人はおいしいコーヒーとホームメイドのケーキが好きで、たくさんのお店へ足を運び、自分たちの店にするヒントにしていたと言います。故郷でもあるアテネのTAFロースタリーから豆を仕入れ4、5種類のシングルオリジンコーヒーを取り扱っています。また、ショーケースに入ったケーキはすべて手作り。有名なチョコレートブランドVALRHONA（ヴァローナ）のパートナーとして、ここから仕入れたもののみを使用。どれもベストセラーなので、ぜひお試しを。

# Coffee Pirates

コーヒー パイレーツ

Spitalgasse 17,1090 Wien　Mon-Fri, 8:00-18:00  Sat-Sun, 9:00-17:00
https://coffeepirates.at/

2017年と2018年、オーストリアのグルメマガジン"Falstaff"にて、ウィーンのベストコーヒーに選出。コーヒー豆はお店に併設されているロースタリーにて自家焙煎しています。

## ウィーンのベストコーヒーはここ

　2012年にウィーンではじめてのオーガニック認証を受けたサードウェーブコーヒーのカフェとロースタリーとしてオープン。トラディショナルなウィーンのコーヒーハウスを意識しながらも、現代的なテイストを取り入れた店内。自宅のリビングのようなリラックスできる空間では、仕事をしたり勉強をしたり、会話を楽しんだり。それぞれが思い思いの時間を過ごせるような雰囲気がとても良いです。夏はコールドブリュートニックやアルチザン・アイスクリームでつくられたアフォガード、そして自慢の自家製のジュースなど。一方、冬にはスパイスの入ったホットドリンクなども。目の前にウィーン大学があるため、毎日パソコンを持った大学生がたくさんいるので、混じってみるのも良いかもしれませんね。

# Simply Raw Bakery

シンプリー ロー ベーカリー

Drahtgasse 2 Am Hof, 1010 Wien　Mon-Sat, 9:00-18:00
https://www.simplyrawbakery.at　+43 6 776 246 9124

**可愛らしい店内にはローフードがいっぱい**

　2009年からローヴィーガン生活になったオーナーのGabriele（ガブリエル）さんは、植物由来のローフードを提供するカフェを2012年にオープンしました。以来、人々の健康的なライフスタイルをサポートしているそうで、当時はまだウィーンにローヴィーガンのベーカリーを提供するお店がなかったため、それなら自分でつくろうと思ったのだそうです。すべてのメニューが、オーガニックで、ロー（調理されていない生の食材）、ヴィーガン、グルテンフリー、ラクトースフリー（乳酸を含まない）、ソイフリー（大豆を含まない）、無加工砂糖を使用した商品。さすがにここまでこだわったお店は他にないそうです。特に健康に気を使ったお客さんも多いそうですが、ヴィーガンだという人は半数くらいだといいます。お客さんの大半が女性ですが、もちろん男性も入れます!!
「とっくり」に入って出てきたのはデトックスのジュース。グラスじゃないので、中身が見えませんが、飲んだときの味はちょっと衝撃です。

左/ こんな感じで「とっくり」に入ってきました。ちょっとびっくり。一口サイズのチョコも美味しい。中/ カップケーキはポピーレモンとチョコバナナ。デコレーションもキレイ。

シシリア産のピスタチオを使ったヌガーやグラノーラ・バーなど一口サイズのスイーツも。

オーストリアでもトリュフを使ったスイーツは定番です。ミントやチョコパウダーなど色々。

Brot, Kaffee und Dessert

# Veganista

ヴィーガニスタ

Neustiftgasse 23, 1070 Wien　Mon-Thu, 12:00-23:00　Fri-Sat, 11:00-23:00
https://www.veganista.at/

## 人工添加物を使ってない安心なアイス

　ヴィーガニスタはアイスクリームのチェーン店。一切、人工添加物の入っていない、厳選された食材を使った手作りのヴィーガンアイスクリームを販売しています。現在市内に8店舗あり、そのうちの何店舗かは冬でも営業をしています。ショップデザインは、主役のヴィーガンアイスをステージの中心にしようと、「ミニマル」がコンセプト。アイスクリームとはいえ、ハイエンドな雰囲気に合うよう細かい部分で遊び心を出すようにしています。ウィーンではじめて人工添加物、保存料や既成の生地を使っていないアイスでありながら、完全なヴィーガンのため、乳製品や卵を調理することがなく、相互汚染（調整済みの食品が、他の原材料などと触れること）のリスクも無い、本当に安心できる一度試して欲しいアイスです。特にオススメしたいのは、限定数販売されるペーストリーやクッキー、アイスクリームシナモンロールやアイスクリームドーナツなど。中でも一番人気は"InbetWieners"（英語の"間"という意味のinbetweenとウィーン人という意味のWienersを掛け合わせた名前）という名前のアイスクリームサンドイッチ!!

左/ その日のオススメが書いてあります。中/ あまり聞いたことのない原料のものも多いのですが、いつも18種類あります。右/ こちらはヒンベリー。とても美味しいです。

A/ バジルとポピーの組み合わせ。色合いだけで決めました。B/ スタッフさんの可愛い制服に釘付け。
C/ お店のレシピブックもあります。自宅でもつくれるものがたくさん出ているそうです。

# Crème de la Crème

クレム デラ クレム

Lange Gasse 76 1080 Wien　　Tue-Fri, 9:00-18:00　Sat-Sun, 10:00-17:00
https://www.cremedelacreme.at　　+43 6 602 833 769

Es ist köstlich.
おいしいですよ。

左上／ロゴタイプが目を惹く外観。左下／うっとりするほど美しい！ 中／友達のmumuAlex rieglerさんが手がけた洗練された店内。右／どれも甘さ控えめです。何個でもいけちゃいます。

## モダンとクラシックの融合

　昔ながらのコーヒーショップではあるけれど、今風のパティスリーをつくりたかったそうで、インテリアもお菓子も、「モダンクラシック」がテーマ。もともと料理やスイーツが大好きだったオーナーのJulia（ユリア）さん。ウィーンの学校で勉強し、その後はパリで修行＆パティスリーで働いた後、ウィーンに戻って2017年の2月にお店をオープンしました。ここはユリアさんが生まれ育ったエリア。こじんまりとしていますが、内装のデザインもフレンチテイストのお菓子の見た目もとてもきれい。今では近隣に住む人たちに愛されるお店になり、いつ行っても混んでいます。ウィーンのカフェに欠かせない朝食も用意していて、特に地域の食材と品質にはとても重視しているそうです。ここではゆったりまったりした時間が過ごせます。

# Drechsler Wienzeile

ドレクスラー ウィーンツィレ

Linke Wienzeile 22,1060 Wien　Mon-Sat, 8:00-24:00　Sun, 9:00-24:00
https://www.drechsler-wien.at　+43 1 581 2004

左/ 店内で一番目立つコラージュされた壁面。右上/ ベーグルやシナモンロールも。右下/ 外観はずっと変わらず。この向かいはナッシュマルクトです。

## テレンス・コンラン卿が手がけたレストランは今も健在

　1919年から続く「カフェ・ドレクスラー」というお店があり、3世代に渡ってドレスクラー一家が経営をしていました。そのお店を現在のオーナー、ガブリエルさんが受け継ぐこととなり、リニューアルしてオープン。名前もDrechsler Wienzeileに変更。100年もの長い歴史を刻んできた店の持つ他にはない雰囲気と、ガブリエルさんたちの料理に対する想いを融合したお店にしたかったのだそうです。テーブルや椅子などはずっと使ってきたもので、そのままのデザインに現代の要素も加えた内装になっています。もう昔ながらのコーヒーハウスではありませんが、伝統に新しい風を吹き込んだレストランです。何しろ、ナッシュマルクトがすぐ目の前にあるので観光客もたくさん来るそうですが、数十年にわたってお店を利用している常連客も多いのだとか。

MAP p159-5

# Gerstner K.u.K Hofzuckerbäcker

ゲルストナー K.u.K ホフツッカーベッカー

Kärntner Straße 51,1010 Wien　　Mon-Sun, 10:00-23:00
https://www.gerstner-konditorei.at　　+43 1 526 1361

## クラシックなカフェの中でも超ラグジュアリー

　今から170年以上も前の1847年、Anton Gerstner さんとBarbara さんとがウィーンの中心地にお菓子屋としてゲルストナーをオープンしました。こだわりの食材だけを使用し、高い技術を生かした、チョコレートや手作りのケーキなど並べたのがはじまり。以後、ゲルストナーは、王室御用達のお菓子屋さんとして、オーストリア中のグルメの目に留まり、愛されつづけています。「時代」と「伝統」のバランスを求め、質の高い商品とサービスを提供してきました。現在のゲルストナーグループのマネージメント・オーナー、Oliver W. Braun さんによると、21世紀の今は、これまでゲルストナーが守り続けてきた価値観を、新しい時代に合わせて効果的に伝えていくことを意識しているそう。ショップにカフェ、そしてバーも併設して伝統をより現代に合わせた建物になっています。1階には、チョコレートやケーキなど、ゲルストナーの高い技術を用いてつくられたスイーツがあり、お菓子と一緒に楽しめるようにと、オーストリアで有名なシュルムベルガーのスパークリングワインも。2階にはバーがあり、落ち着いた雰囲気と窓から見えるウィーン国立歌劇場（Wiener Statsoper）が目の前というロマンチックなロケーション。そして3階まであがると、2016年に新しくオープンしたカフェが。クラシカルなカフェですが、ラグジュアリーな時間が過ごせます。

A/ 1階のスイーツ売り場には、お土産になりそうな日持ちするものもあります。
B/ まるで宝石のようなキレイなスイーツ。C/ 壁面には歴史的なアートが。E/ 名物のアップフェル・ストゥーデル。アツアツのソースをかけて食べます。D/ トリュフもたくさんの種類があって、どれも美味しそう。

7 Brot, Kaffee und Dessert

143

# Eis-Greissler

アイス・グライスラー

Neubaugasse 9,1070 Wien　　Mon-Sun, 12:00-21:00
http://www.eis-greissler.at

MAP p160-25

左/ 小さなお店はすぐにいっぱいに。学生や地元の人にも大人気。中/ 常時18種類あるアイス。こちらはナッツとチョコのアイス。カップかコーンを選べます。右/ 牛が目印の可愛らしいファサード。

## 自然の恵みが与えてくれたもの

Andrea Blochbergerさん(アンドレア ブロッヒベルゲル)とGeorgさん(ゲオルク)は、オーガニックファームをオーストリア南部の都市、Krumbach(クルムバッハ)で運営しています。農場は広々とした丘に豊かな緑があり、約50頭の牛がのびのび暮らし、アンドレアさんとゲオルクさん曰く、「一番大切なスタッフたち」なのだそうです。「質の高いオーガニックミルクにこだわり、クオリティや、サスティナビリティ、クリエイティビティへの考えを形にすれば、とびきりおいしいものが生まれるのは、必然だったのだと思っています」と。ここのアイスは、自然から採れたもののみで、そしてできるだけ、オーガニックやフェアトレードのものを使ってつくられています。今では、オーストリア国内に8店舗を構えるまでになり、いつ行っても人気のアイスクリーム店です。

# BALTHASAR Kaffee Bar

バルササール コーヒー バー

Praterstraße 38,1020 Wien　Mon-Fri, 7:30-19:00　Sat, 9:00-17:00
https://balthasar.at/　+43 6 643 816 855

左上/ 日本のブランド、ハリオのものを使っているお店が圧倒的に多いです。左下/ アーチ状の木製扉が特徴です。中/ 紅茶も人気です。右/ ビオドリンクの他、ワインやシャンパンもあります！

## ヨハン・シュトラウスの住居からも程近いコーヒー店

　オーナーのOtto Bayer(オットー バイヤー)さんの家族は、代々ガストロノミーに関わった仕事をしていたそうですが、本人はホテルマネージメントの勉強をした後に海外へ行き、そこでさらに経験を積みます。その後、両親のレストランを引き継ぎ、2014年に自身のカフェをオープンするためウィーンに移住。現在ここには10人のバリスタがいて、来てくれた人に、たくさんの種類の香りあるコーヒーを嗜んでもらいたいという想いから、それぞれ焙煎方法や抽出にこだわったコーヒーを提供しています。特にウィーンはコーヒー文化の歴史がある街なので、ここにしかないスペシャリティコーヒーを出しているそうです。店内はエキゾチックな雰囲気もあるのですが、スカイブルーを基調にしたモダンデザインが、ウィーン子たちにはうけているようです。

# Café Sperlhof

カフェ シュペルホフ

Grosse Sperlgasse 41, 1020 Wien　　Mon-Sun, 16:00-01:30
＊U2 Taborstraße 駅から徒歩 3 分

左/ 積み上げられたボードゲーム。古いものは70年代のものがあります。中上/ 静かな環境、しっぽりカフェタイム。中下/ 外観も当時のままのよう。右/ ビリヤード場では若者が楽しそうにしています。

## 今の時代に必要なクラシックカフェ

　1923年、ウィーン 2 区にゲームバーとしてオープン。店内に入ると黄色い壁が目に入ります。そしてそれ以上に高く積み上げられたボードゲームやパズルが本当に圧巻。ここにあるゲームは全て自由に遊べるのですが、そのほとんどがドイツ語。仕事終わりにビール片手にチェスをしにくる人も多いのだとか。週末の昼間は家族連れも多く、夜は混み合うこともしばしば。今では貴重なゲームが代々受け継がれ、お店の奥にはビリヤードをしている若者もいたり、古くから地元に根付いた感じがとてもアットホームです。ゲームがしやすいようにテーブルを囲むように椅子が置かれているのも特徴的。深夜まで営業しているところも、ファンが多い証拠なのかも？　個人的には、ここのザッハトルテが本家より美味しいかなと。

MAP p159-31

# FENSTER CAFÉ

フェンスター カフェ

Fleischmarkt 9, 1010 Wien　Mon-Fri, 8:00-16:00　Sat-Sun, 9:00-17:00
http://fenster.cafe/　+43 6 804 458 005

左/ ここの名物「ワッフルコーン」にカフェラテ。中はチョコでコーティングされています。なぜか漏れてきません。右/ 入口というか窓口です。

### 通り過ぎちゃいそうなコーヒースタンド

"Fenster"はドイツ語で「窓」。見ての通り建物の窓を使ったコーヒースタンドですが、2017年に出来てからというもの、近所の人から観光客まで様々な人が来るそう。もともと小さな倉庫だったという場所を使い、キオスクのような対面販売で大人気です。ユニークなものの中でもチョコレートで覆われたアイスクリームコーンで提供されるコーヒーやカフェラテは間違いなく写真映えする一品です。お店は、シュヴェーデンプラッツからもほど近い場所にあり、教会やレストランなども多いエリア。スロバキアのブラチスラヴァにも同じような窓を使ったお店があるのだそう。そっちも気になりますね。

## 8 Das Hotel ist auch ein wichtiger Punkt

ホテルも大事なポイント

# Magdas Hotel

マグダス ホテル

Laufbergergasse 12, A-1020 Wien
https://www.magdas-hotel.at　+43 1 720 0288　＊Wien Praterstern 駅から徒歩 8 分

**ケアホームのリノベーション**

　ウィーンの中でも取り分け人気の大きな観覧車があるプラーター公園。そのそばにあるホテルです。全88部屋で、ベーシック、バルコニー付き、ルーフトップ（最上階）や、スイートルームやアパートメントタイプの部屋もあります。元々は、ケアホームとして運営していた場所で、2015年にCaritas（カリタス）という非営利団体によって運営されているオーストリアでも初めてのソーシャルビジネスホテルです。元難民やホテル業界のプロフェッショナルなどスタッフの出身国は14ヶ国。彼らがスタッフとして手助けするというサスティナブルな経営を知ってもらいたいという想いがあるといいます。オーストリア社会に

148

も、文化の違いや言葉が話せないなどの理由で、他の人と同様の仕事に就けない人がたくさんいて、そういった人たちにもスタッフの一員になれることを証明したいという理念があるのだそうです。また、障がいのある人たちに、毎日のルーティーンとしての仕事を生み出すというもうひとつのプロジェクト、magdas designの商品も扱っています。キャンドルやブックエンド、グラスや石鹸などはラウンジや客室で使われていて、購入することもできます。この洗練されたインテリアデザインは「アップサイクル」がテーマ。予算も限られていたので、今あるものをどう生かすか、ということを意識してつくられました。ホテルは建築家のDaniel Büchel氏が内装を手がけました。各部屋には手編みのランプシェードやビンテージのアームチェア、昔のオーストリア連邦鉄道のコンパートメントの中で使われていたワードローブなど、ちょっとしたお宝を使っているので、そんな部屋が好きな人にはとっても良さそうです。特に、グループツアーや長期滞在の方も多いそう。

> Das Bett ist so weich!
> ベッドがふかふかだよ!

A/ 以前のまま残っている外観。B/ エントランスを入ると長い受付が。C/ スタンダードなベットルーム。華美な装飾はありませんがシンプルでグッド！ D,E/ 朝食の場所はかなり大きめ。種類も豊富です。F/ 浴室はバリアフリー。ここはシャワーボックスのみの客室。G,H/ ビンテージな家具がいろいろ。部屋によっても異なります。

# 25hours Hotel Wien beim MuseumsQuarter

トゥエンティーファイブアワーズ ホテル ウィーン バイム ミュージアムクオーター

Lerchenfelder Straße 1-3 1070 Wien   https://www.25hours-hotels.com   +43 1 521 510

**とにかくオシャレ！　そして身体もリフレッシュ**

　2015年にドイツのハンブルグからはじまったホテルチェーンですが、ここウィーンでもユニークな内装で人気のホテルです。ウィーン以外にもチューリッヒやパリなどに展開。今後はドバイやコペンハーゲンにも出来るそうです。ウィーンのホテルは美術館や博物館などがあるミュージアムクオーターに立地。観光地としても人気の中心です。ここの客室はサーカスをテーマに、思いっきりユニークな仕様になっています。ピエロが出てきたり、象のステージなど五感が刺激されるような世界観と、異国情緒あふれるテントの中のステージの様子が表現され、どっぷり空想の世界に浸ることができるかもしれません。全体

> Das Frühstück schmeckt gut!
> 朝ごはんが美味しいよ！

A,F/ 地階にあるラウンジにはフットバス、サウナ、ジムなどが。B/ エントランスの前は公園に。C,D/ 朝食はとにかく種類が豊富。昼はカフェ、夜はレストランにもなります。E/ KIOSKと名付けられたショップ。オリジナルグッズやマップなども販売。G/ スタイリッシュな浴室。H/ 部屋にはフライターグ！ I/ デスクにはウィーン情報も。

> Ich werde viele Geschenke einkaufen!
> お土産もたくさん買えます！

のデザインを手がけたのは、ドイツ・アウグスブルグに拠点を置くDreimetaというデザインチーム。34部屋のスイートルームを含む全217部屋にイラストを施したのは、ベルリン在住のイストレーター、Olaf Hayek（オラフ ハイエック）さん。彼の絵本も客室に置いてあります。地階には大きなミーティングルームの他、フィットネスジムやスチームサウナもあり宿泊者は利用可能。ルーフトップにはバーもあり市内を一望できます。そして、各客室には、p92でも紹介したフライターグが。宿泊者はこのバッグに荷物を入れて、街に繰り出すこともできるのです！　もちろん、レンタバイクもありますよ。

MAP p160-4

# Hotel Schani Salon

ホテル シャニー サロン

Mariahilferstraße 58 1070 Wien
https://www.hotelschani.com  +43 1 524 0970

**スタイリッシュなデザインホテル**

　ホテル シャニー サロンは、Komarek一家が経営しているHotel Schani Wienの姉妹ホテルとしてマリアヒルファー通りに、2018年11月にオープンしました。

　元々一家は、ウィーンで3世代にわたり、エコフレンドリーがテーマのホテル、Hotel Gallitzinbergを経営していて、シャニー ウィーンは、コマレック一家の2代目の末っ子、Benediktさんがオーナーとなり始めたホテルです。

　どちらのホテルも、ウィーンで歴史のあるホテルが背景にあるというストーリーをとても大切にしていて、それぞれにテーマを設けています。シャニー

ウィーンはウィーンセントラル駅のそばにあり、ウィーンの人々に根付く「ウィンナージョーク」（ウィーン人のブラックジョーク）を用いて遊び心を出すことが大きなテーマとなっています。一方、こちらのシャニー サロンは、ウィーンの芸術文化に大きな影響をもたらした「ユーゲントシュティール」や世界的に有名な芸術家たちをテーマにリノベーションされています。特にシャニー サロンは、1906年に建てられた歴史ある建物の1フロアを利用してつくられました。このフロアには全部で24部屋あり、それぞれの部屋はオーストリアの芸術家たちをテーマにした内装になっています。主なテーマは4つ、「オットー・ワーグナー」「グスタフ・クリムト＆エミリー・フローゲ」「エゴン・シーレ」「ジークムント・フロイト」。オーストリアが誇る超有名芸術家達。シャニー ウィーンの内装も手がけたアーティストのOskar Kubineczさんが時代を超えて、偉大な芸術家たちの作品をモダンな内装に溶け込ませているのが特徴のホテルです。

A,B/ 朝食はコンパクトながらも美味しいパンやチーズ、フレッシュなフルーツなど一通り揃っています。C/ 壁面には市内のマップが貼ってあり名所もポイントされています。D/ このホテルもシャワールームのみですが、バスタブがない分、浴室が広いです。トイレは別にあります。E/ フロントを兼ねたバーカウンターで1杯できます！

Stoßen wir in der BAR an!
BARで乾杯しましょう！

# HOTEL AM BRILLANTENGRUND

ホテル アム ブリルランテングルンド

Bandgasse4 , 1070 Wien
http://www.brillantengrund.com/　　+43 1 523 3662

**アットホームな居心地に満足できます**

　オーナーのMarvin Mangalinoさんは、ウィーン生まれですがフィリピンから移住した家族の元で育ちました。

　このホテルは、特に決まったコンセプトというのはなくて、自分たちが思うようにやりながら変えていっているそうです。マーヴィンさんのお母さんがシェフとして、フィリピン料理を提供し、友達がそれぞれレセプションやレストラン、アートディレクターなどを請け負っています。とてもアットホームな雰囲気でホテル経営をしていることを、ゲストも感じられると思います。特徴的なのはインテリア。オーナーが過去に集めたコレクションがほとんどそうです

Die Pastellfarben sind wirklich sehr nett!
パステルカラーがかわいい！

A/ ピンクと黄色の可愛い外観。B/ こじんまりした奥がフロント。C/ 中庭を囲むように部屋があります。D/ 中庭の奥にあるお店にはマーヴィンさんが手がけるリサイクルブランドも。E/ レストランはいつも賑やか。朝食もここで。F/ 部屋はコンパクトですがピンクの壁面がインパクト大。G/ 天気がよければ、中庭での朝食もできます。

が、それ以外にも壁面に飾ってあるアートや写真、家具などはビンテージがほとんど。また、中庭の奥には小さなお店があり、定期的にコレクションを展示したり販売したりしています。「オープンでニュートラルな場所にしたいので、人種はもちろんのこと、性格や年齢で人を判断したくないと思っています。だからこそ、ここでは色々な人に出会えるんです。例えば、朝ごはんのテーブルで、孫に会いに来たおばあさんがいるかと思えば、すぐ隣のテーブルには昨晩DJをやっていた眠そうな男性が座っている。そういう場をつくりたいと思ったんです」と。確かに朝も夜もいつも賑やかですが、少々騒がしくても、部屋はとても静かです。

MAP p160- 2

# grätzlhotel

グレーツェルホテル

Favoritenstraße17, 1040 Wien
https://www.graetzlhotel.com/?lang=en    +43 1 208 3904

**ウィーン版オシャレなエアビー**

　ウィーン市内のみで4ヶ所あるエアビー&ビー的な中期滞在型ホテル。

　このホテルは、ゲストにローカル（地元感）な雰囲気を味わってもらいたいという想いがあるそうで、ホテルの名前でもある"grätzl"という単語は、オーストリアで口語として使われていて、「近所の一角」といった意味があるそう。元々パン屋さんだったり、電気屋さんだったりしていた建物をリノベーションしているため、部屋の端々にその名残を感じられるようにしているのだとか。またその名の通り、近所のお店やレストランともコラボレーションしていて、新しいサービスにも繋げています。こうした地元ならではの繋がりで、ウ

金魚の壁紙が斬新! 洗面台とは関係ないですが、部屋にあるミニバー(冷蔵庫)には、ローカルな飲み物やお菓子などを揃えてあります。また、近所にはスーパーもカフェも徒歩圏内!

ィーンに住む人達と同じような感覚で過ごしてもらえるようにしているのも良いですね。

　もともとリノベーションする際、昔の路面店などで長く使われていなかった建物を利用したいという想いがあったそうで、その建物がホテルに生まれ変わり、泊まる人が新しい形でウィーンを楽しめるようになっています。空き家の新しい使い方を提案することで、ヨーロッパ中で問題になっている空き家の利用方法に対しての解決策も示しているそう。客室にはp86で紹介したセントチャールズ アポセカリーの商品、フェイス/ボディローションや、マッサージオイルなどがあります。キッチンもあるので自炊もできます。なおチェックインは、玄関先でパスワードを打ち込むとカギが出てくる仕組み。詳細はメールで教えてくれます。

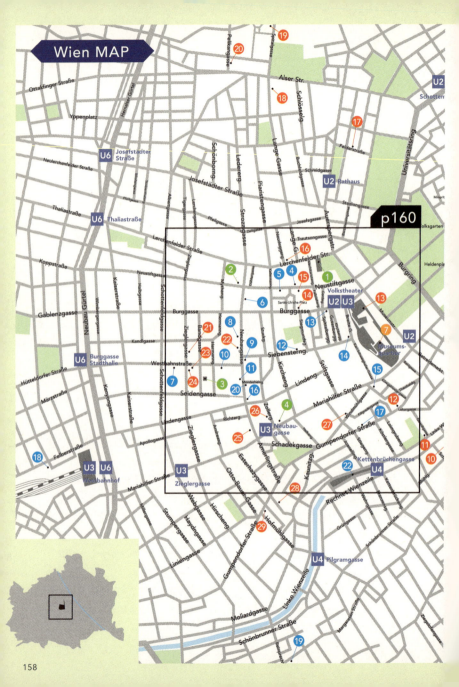

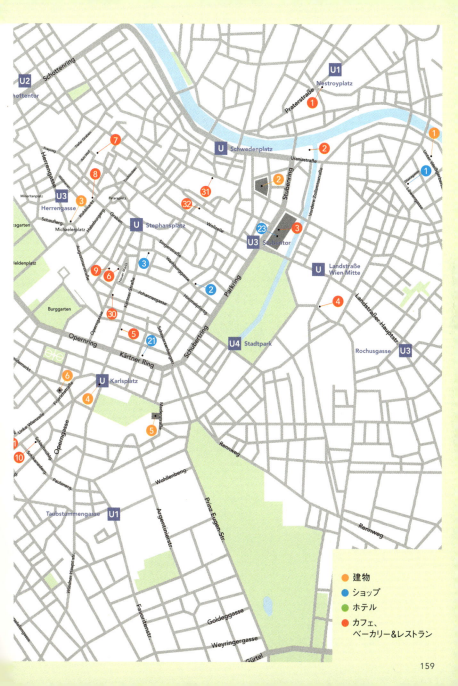

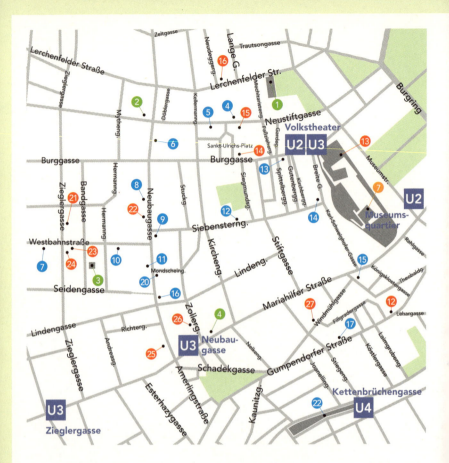

- ① Hundertwasser Haus and Kunst haus Wien
  フンデルトヴァッサー ハウス と クンスト ハウス ウィーン　34
- ② Österreichische Postsparkasse
  オーストリア郵便貯金会館　18
- ③ Loos Haus　ロースハウス　20
- ④ Karlsplatz Station
  カールスプラッツ駅　21
- ⑤ Wien Museum Karlsplatz
  ウィーン・ミュージアム カールスプラッツ　32
- ⑥ Secession　セセッシオン　22
- ⑦ Leopold Museum
  レオポルド美術館　30
- ① PAPERBIRD.　ペイパーバード　89
- ② Joh.Springer's Erben
  ジョー スプリンガーズ エアベン　93
- ③ Huber & Lerner
  フーバー & レルナー　78
- ④ Glein Atelier & Shop
  グライン アトリエ & ショップ　77
- ⑤ Sous-bois　スーボア　76
- ⑥ Purple Cave　パープルケイブ　95
- ⑦ Designqvist　デザインクヴィスト　85

8 Copenhagen Hus
コペンハーゲン フース　84

9 S/GHT STORE　サイト ストア　83

10 WALL　ウォール　82

11 SONNENTOR　ゾネントア　96

12 VOLTA Vienna　フォルタ ヴィエナ　90

13 Die SELLERIE　ディー セレリー　74

14 die Werkbank
ディー ヴェルクバンク　79

15 raumkomplett
ラウムコンプレット　88

16 FREITAG　フライターグ　92

17 Saint Charles Apothecary
セント チャールズ アポセカリー　86

18 Die Glasfabrik
ディー グラスファブリック　80

19 Dekorative　デコラティフ　91

20 Mühlbauer　ミュールバウアー　43

21 RINGSTRASSEN-GALERIEN
リンクシュトラーセン・ガレリエン　70

22 Naschemarkt　ナッシュマルクト　66

23 MAK DESIGN SHOP
MAK デザインショップ　94

1 25hours Hotel Wien beim
MuseumsQuarter
トゥエンティーファイブアワーズ
ホテル ウィーン バイム
ミュージアムクオーター　150

2 grätzlhotel　グレーツェル ホテル　156

3 HOTEL AM BRILLANTENGRUND
ホテル アム
ブリルランテングルンド　154

4 Hotel Schani Salon
ホテル シャニー サロン　152

1 BALTHASAR Kaffee Bar
バルササール コーヒー バー　145

2 KLYO　クリオ　112

3 Salonplafond　サロンプラフォン　102

4 hiddenkitchen Park
ヒデンキッチン パーク　132

5 Gerstner K.u.K Hofzuckerbäcker
ゲルストナー K.u.K
ホフツッカーベッカー　142

6 Martin Auer　マーチン アウアー　124

7 Simply Raw Bakery
シンプリー ロー ベーカリー　136

8 Julius Meinl am Graben
ユリウス マインル アム グラーベン　119

9 Gragger & Cie Holzofenbackerei
グラッガー & シー
ホルツォーフェンベッカライ　122

10 MIR　ミア　109

11 Drechsler Wienzeile
ドレクスラー ウィーンツィレ　141

12 Stilbruch restaurant
スティルブルッチ レストラン　108

13 CORBACI　コルバチ　107

14 ULRICH　ウルリッヒ　100

15 Veganista　ヴィーガニスタ　138

16 GOLD FISCH
ゴールド フィッシュ　104

17 AGGYS third wave coffee
AGGYS サード ウェーブ コーヒー　32

18 Crème de la Crème
クレム デ ラ クレム　140

19 Coffee Pirates
コーヒー パイレーツ　135

20 The Pelican Coffee Company
ザ ペリカン コーヒー カンパニー　128

21 The Brickmakers Pub & Kitchen
ザ ブリックメーカーズ パブ &
キッチン　114

22 ELEFANT & CASTLE
エレファント & キャッスル　118

23 Jonas Reindl Coffee
ヨーナス レインドル コーヒー　130

24 Wolfgang Coffee
ウォルフガング コーヒー　127

25 Eis-Greissler
アイス・グライスラー　144

26 Kaffemik　カフェミック　126

27 BRUDER　ブリューダー　106

28 Miranda　ミランダ　115

29 Brass Monkey　ブラス モンキー　134

30 Joseph Brot　ヨーゼフ ブロート　48

31 FENSTER CAFÉ
フェンスター カフェ　147

32 PARĔMI　パレミ　46

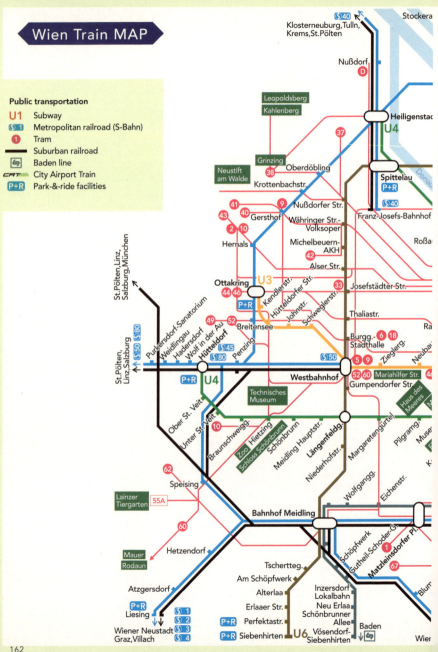

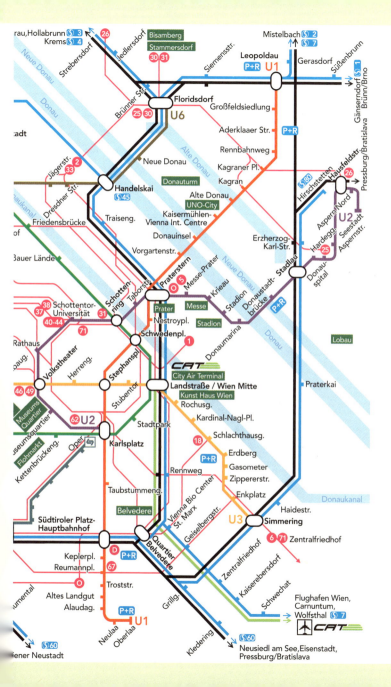

# Zum Schluss

おわりに

　去年、久しぶりにウィーンに行ったあと、半年後に再訪問して取材を敢行しました。時期は3月。日本では桜が咲いていましたが、まだまだウィーンは肌寒い時期。でも、日によっては暑いくらいの日もあり後半になるにつれ徐々に暖かくなってきました。今回、あまり知られていないウィーンを紹介しようと思って、レストランやカフェの店主がオススメする情報も急きょ掲載したところもあり、まさに旬な情報が満載の1冊に仕上がりました。その全てを載せることはできませんでしたが、紹介するお店の方々の話を聞いていると、共通のキーワードがいくつかあることがわかりました。それは、アップサイクルやサスティナブル、そして本来の素材をいかして心地よい生活を過ごすこと。衣・食・住どれをとっても、みなさんが意識して言葉にしていたことでした。これこそが、ゲミュートリッヒカイト（Gemütlichkeit）な生活なのかなと。ウィーンを知るには体感するのが一番。とはいえ、かなり偏りがちな街案内になってしまったかもしれませんが、本書を手にとってくれた方々の旅の手助けに少しでも役に立てばと思っています！ぜひ、皆さんも自分の心地よさを探しにウィーンに行ってみてください。

塚本太朗